核心素养视域下
初中数学教学研究

陈兆国　著

辽海出版社

图书在版编目（CIP）数据

核心素养视域下初中数学教学研究 / 陈兆国著. -- 沈阳：
辽海出版社, 2019.6
ISBN 978-7-5451-5499-3

Ⅰ.①核… Ⅱ.①陈… Ⅲ.①中学数学课—教学研究—初中
Ⅳ.①G633.602

中国版本图书馆CIP数据核字(2019)第119759号

责任编辑：丁　凡　高东妮

责任校对：丁　雁

北方联合出版传媒（集团）股份有限公司
辽海出版社出版发行
（辽宁省沈阳市和平区十一纬路 25 号 辽海出版社　　邮政编码：110003）
北京市天河印刷厂印刷　　　　　全国新华书店经销
开本：880mm×1230mm　　1/32　　印张：6.5　　字数：135 千字
2020 年 1 月第 1 版　　2020 年 1 月第 1 次印刷
定价：40.00 元

前　言

　　数学教育作为人类教育的重要组成部分，在形成人类理性思维和促进个体智力发展中发挥着独特作用。数学核心素养是数学教与学过程中的基本素养，是数学课程目标的基本组成部分。它综合体现了对数学知识的理解、数学技能的掌握、数学思想的感悟及数学活动经验的积累。因此，进行基于数学核心素养的数学教学研究极为必要。

　　对于初中数学教学而言，学生的解题能力高低，不仅是学生数学素养培养的条件与需要，还是以学生为主体的数学教学质量提升的决定因素。学生须具备一定的解题能力，能够积极地对各种数学问题进行思考，并找到解决问题的途径，从而使自己的数学逻辑思维得到完善和提高。在初中数学教学中，教师以培养学生核心素养为出发点和落脚点，运用各种有效的教学手段，让学生学会和掌握解决数学问题的方式与方法，使初中学生从解题开始构建数学知识文化体系，并且更进一步进行系统化与细量化的研究，激发出学生的思维方式，动手、动脑、动口三位一体的实现，从而灵活运用所学习的知识和内容，以自主解决数学学习上的相关问题，提升解题能力，从而增强课堂教学的有效性和规范性。

　　本书围绕核心素养视域下的初中数学教学展开研究，以核心素养的基本概念与理论基础、初中数学教学的核心理念及课程性质、主要功能为切入点，重点阐述初中数学教学模式和教学技能，探讨核心素养视域下初中数学教学与解题能力培养及核心素养视域下初中数学课堂教学。

本书结构新颖，条理明晰，逻辑性强，对初中数学的课堂教师提问与有效反馈进行论述，阐述初中数学教学评价的基本理念与主要内容，注意保证知识的完整性和系统性，力求帮助使用者掌握核心素养视域下初中数学的教学方法。

本书的撰写得到了许多专家学者的帮助和指导，在此表示诚挚的谢意。由于笔者水平有限，加之时间仓促，书中所涉及的内容难免有疏漏与不够严谨之处，希望各位读者多提宝贵意见，以待进一步修改，使之更加完善。

作者

2019 年 5 月

目 录

第四章　核心素养视域下初中数学教学与解题能力的培养

第五章　核心素养视域下初中数学课堂教学的探究

第一章 绪 论

　　数学课程涉及的领域是广泛的，这些领域里既有可供学生思考、探究和动手操作的题材，也隐含着现代数学的一些原始生长点。本章将重点论述核心素养基本概念与理论基础、初中数学教学核心理念研究以及初中数学课程性质与主要功能等内容。

第一节　核心素养基本概念与理论基础

一、核心素养的基本概念

（1）核心素养。在核心素养中，引起理论工作者和一线教师思考及研究的内容即素养及核心。而早在我国之前，经合组织就已提出这一概念。自 1997 年启动核心素养研究项目后，就不断地核心素养的具体界定进行研究与修订，最终在 2003 年发布了《核心素养促进成功的生活和健全的社会》，并率先使用了"核心素养"词。2005 年又发布了《核心素养的界定与遴选：行动纲要》，使得核心素养从理论研究转向教育领域，也使核心素养在教育领域更具有可操作性。尽管核心素养在不同国家有着不同的表达，但就内涵而言，基本上涉及社会参与、自我发展及文化知识学习三个方面。而在我国核心素养同样涵盖社会参与、自主发展及文化基础三方面，具体包含实践创新、责任担当、健康生活、学会学习、科学精神、人文底蕴等六个方面的素养。[①]

（2）数学核心素养。在教育文化领域，受到国际化的影响，一些观点出现了融合的现象，导致知识发展迅猛，以往的学习方法无法适应社会的发展，人才培养遇到了极大的挑战。而核心素养作为未来人才发展培养的关键因素，对人才的培养起到决定性作

[①]　霍小莉.基于核心素养中数学模型思想的初中课堂教学策略研究[D].汉中：陕西理工大学，2018：7-11.

用。随着经合组织对核心素养进行界定后，这一概念便得到了全世界的关注。数学是一门思维性学科，它的核心素养体现在学生在学习数学知识过程中，长期形成的数学精神、研究方法、数学逻辑思维形式及对问题不同看法等方面。

所谓数学核心素养指的是除了数学概念、公式等系统知识外，学生拥有的适应社会发展的应对能力。其由数学基本能力的培养、数学思维与数学态度的培养及数学文化的渗透等构成。数学核心素养服务于学生的发展能力，是数学学习者在学习数学或者学习数学的某一领域所应达成的综合性能力。

二、数学模型与初中数学教学

（一）数学模型思想教学的理论基础

建构主义学习理论和人本主义学习理论构成了数学模型思想教学的理论基础。

建构主义学习理论。持有这种学习理论的人通常从知识观、学习观两个方面分析问题。其中，建构主义知识观认为：知识随着情景的变化而变化，是一种关于各现象发生的可靠假设或解释；学习观则认为学生通过自身经验主动构建知识体系，有选择性地吸收知识，然后通过对知识的再加工、再创造，来解决新问题、创设新情境。而建构主义的教学观则强调在教学中创设问题情境，在问题中激发学生的好奇心，通过激发其对知识的探索兴趣，促使其找到解决问题的方案，从而更好地获取知识。

从建构主义学习理论中可知，知识随着情境的变化而变化，学生所得知识需教师在教学中创设问题情境，激发学生探求知识的欲望，充分调动学生的主动性，根据教学方式及内容，采用协作的形式满足学生展示自我的愿望，从而帮助学生养成综合能力。

人本主义学习理论。持有这一理论的人认为，教师应当挖掘每个学生的潜力，从教材的编写方面激发学生的求知欲，满足其好奇心，从而帮助学生积累生活经验。尤其在教学过程中，教师充分激发学生的积极主动型，使其能够全身心投入到学习中去，并通过多种多样的评价形式，帮助学生养成独立思考的习惯。

人本主义理论的教学观认为，应与学生建立基本的信任，为学生的才能提供发挥空间，对待学生需真诚，应做到一视同仁，充分尊重学生的个人经验，提供平等的展示自我的机会，多从学生的角度考虑问题。

（二）初中数学教学的相关理论

（1）需求层次理论

第一，生理需要，指个人生存的基本需要。如吃、喝、住、行。

第二，安全需要，包括人身安全、对未知危险的预防和福利保障。

第三，社交需要。融入社会、团队、集体里，有一定的归属感，与他人进行交流。

第四，尊重需要。彼此间的尊重，待人礼仪以及外人对自身的尊重。

第五，自我实现需要，指个体建立人生目标和理想，并通过自身实践和追求，追求人生真正的意义。[①]

（2）教育公平理论和动机激发理论第一，教育公平理论。作为公平理论的重要构成部分，其有着内外部条件上的约束，其中外部因素对教育公平起到一定的约束作用。这是因为教育公平受到社会风气、法律法规及国家文化等因素的影响，而教育公平

① 王丽．基于核心素养视角下初中生数学解题能力的培养研究 [D]. 武汉：华中师范大学，2017：6–17.

实质上是为了确保每个公民都能公平公正地接受教育、共享教育资源，但事实上，受外部环境、地域差异及经济条件等因素的影响，教育有失公平，这是如今国家及教育部门急需解决的问题。在我国的义务教育中，初中生应当受到公平的教育，借助社会教育的公平理论，引入核心素养于初中数学解题中，从而帮助初中学生提升数学解题能力。

第二，动机激发理论。所谓学习动机发于学生学习的内心需求，这种动机基本上分为认识兴趣及自觉学习两种。学生一旦拥有自觉性，便可充分激发学习的兴趣，对学习产生热情。所以，对学生学习动机的激发及培养，是教师需重视的，其可以在一定程度上加快学生学习的进程，提升学生的学习效果。而教育心理学研究的重点之一就是对学习动机的研究，这种研究已经从成熟走向细致。[①]

第二节　初中数学教学核心理念研究

数学课程具有明显的时代特征，因而每一个时代的数学课程均有其相应的核心理念。

一、初中数学教学的基本理念

（一）数学课程的主要性质

义务教育阶段的数学课程应突出体现基础性、普及性和发展性，使数学教育面向全体学生，人人都能学有价值的数学人人都

① 　钟启泉.基于核心素养的课程发展：挑战与课题[J].全球教育展望，2016，45（1）：3-25.

能获得必需的数学不同的人在数学上能得到不同的发展。

义务教育阶段的数学教育面向全体学生，因此具有以下三个特点：①基础性——为学生未来的学习、就业与生活打基础；②普及性——适合全国各地学生的学习需求；③发展性——能够有助于学生的进一步发展。

人人学有价值的数学。学生在义务教育阶段，对数学知识及方法进行接触、了解并掌握，从而在以后的社会中适应自身的个性化发展，使得思维得到启迪，智力得以开发。学生的现实生活及过往的知识与"有价值"的数学形成紧密联系，构成对学生有吸引力的内容。素质教育为"有价值的数学"提供了更为广泛的意义，学生的人格从中得到健全，形成向上的价值观，使得学生的科学精神、求实态度、创新合作意识、自信心及责任感得以培养。可以说，有价值的数学既有助于学生学习，又可以为学生在事业上提供更多的帮助。

人人都能获得必需的数学。学生通过必需的数学，可满足未来的生活所需，这便是数学立足于生活现实的基本出发点，至于与学生的心理及智力水平、数学科学发展方向不适应的内容，并不在获得的范畴内。[①]掌握数学语言交流、讨论及读写等方面的能力，掌握数学的方法及基本思想，具备及时发现并解决数学问题的能力及意识，对数学的价值以及数学在社会中的作用及文化中的地位有所了解，增强自己对数学能力的信心。

事实上，通过多种途径可实现"人人都能获得必需的数学"，其中最基本且最有效的是在学生熟悉的生活背景中对数学进行发现、掌握及运用，通过一个过程体会周围世界与数学的联系，在

---

① 　　马复.初中数学教学策略[M].北京：北京师范大学出版社，2010.

社会生活中感受数学的作用及意义，从中领悟数学及个人成长间的关系。

不同的人能在数学上得到不同的发展。学生在生活中都有着一定的生活积累以及丰富的知识体验，也就是说不同学生处理问题的思维方式及解决方案各不相同，所以课程覆盖范围是广泛的，不仅有供学生思考、探究及动手操作的题材，还包含着现代教学题材，让学生接触、了解、钻研自己感兴趣的数学问题，从而满足学生的数学需要，挖掘每个学生的潜能。同时，从满足每个学生所需出发，为具有特殊才能的学生提供更多的发展机会。

（二）数学学习和数学教学的过程

（1）数学学习过程。数学学习的目的不能被简单地理解为学生得到知识、掌握技能，数学学习的过程也不能被定位成全盘的接受过程。

数学学习的起点和终点来源于学生熟悉的现实生活，而数学课程内容则是从学生熟悉的现实生活开始，遵循着人类活动在数学发现中的轨迹，从生活问题过渡至数学问题，从具体问题过渡至抽象概念，从特殊关系至一般规则，从而促使学生实现学习数学并从中获取知识的目标。根据以上发展途径，数学课程便可促使课本数学及生活数学间的联系得到加强，为学生提供了解并热爱数学的机会，从而达到数学与生活的和谐统一。

数学学习应当既重视结果，也关注过程。数学课程的内容不仅包括数学的现有概念、定理、法则和公式等等，构成的结果包括两个主要方面的内容。①问题数学化。对问题中的数学成分进行符号化处理，将实际问题转变为数学问题。②抽象化处理符号化的问题，使其保持在数学范畴内。处理数学模型应当从符号尝试建立、使用不同的数学模型,进而发展为更加完善合理的数学概念框架。通过这样的活动,可得到提出数学问题的方法,数学概念形成方法及应如何运用数学结论,并借此掌握更多的数学学习方式。

数学学习过程应当是一个充满生命力的过程。学生的数学学习过程仍然包括认真听讲、课堂练习和课后作业等,但是仅限于此是不够的。应该积极提倡丰富学生的数学学习方式,增加动手实践和进行自主探索与合作交流的机会,而且数学学习活动应当是一个生动活泼的、主动的和富有个性的过程。

数学学习是一个充满生命力的过程,已不再是原来单一的形式,而趋于多样化,在教学过程中也应该留出一定的时间和空间给学生,以便学生能够投身于文化交流中,并在其中进行自主探索,从而明确自己的思想,共享想法,加深对数学问题的理解与认知,最终掌握基本的数学技能、方法及知识。

(2)数学教学过程。以科学体系为主,忽略学生自己的经验,这是传统数学课程体系特征,其中的教学内容也是人为策划组合而成,教师以这种逻辑思考方式及数学内容进行传授,将学生置于被动的地位,学生只需对课本提供的数学题目进行计算及解答即可。传统的教学方式优劣各有,其中优点在于可以为学生提供有计划性的学习,缺点在于学生的视野、思想受到很大的限制,不利于学生创造性及主动性的培养。

在数学教学中应以学生的生活经验为起点,既考虑学生学习数学的心理规律,又对数学固有的特点进行考量。同时确保在学生已有的知识基础及认知水平上,创建数学教学活动。从学生终身学习的愿望出发,依据学生的心理发展规律及年龄特点,选材要丰富，覆盖面要广，从而形成学生乐于接触的、有价值的数学素材。

举例来讲，教学素材应选取人们熟知的内容，以贴近生活、贴近实际，从而产生学习的动力。换句话说，提出的问题应当具有时代性、开放性且能满足学生们的兴趣。

数学教学活动应该成为喜欢和好奇心的源泉。而这样的数学教学就要从学生的生活经验和已有的知识体验出发，从直观的和容易引起想象的问题出发，让数学背景包含在学生熟悉的事物和具体情境之中，并与学生已经了解或学习过的数学知识进行联系，特别是与学生生活中积累的常识性知识和已经具有的但不那么严格的数学活动经验进行联系。

就学生的智力活动而言，数学学习本质上可以视为一种思维活动。数学内容本身所具有的抽象特征，使得数学学习结果与数学思维水平的相关性，甚至依赖性十分明显。因此，基于学生的数学思维水平开展教学是非常必要的。

一方面，由于初中学生正处于由具体运算阶段向形式运算阶段发展的过程之中，因此他们尽管可以从事逻辑思维活动，但还只能对具体事物或形象进行操作，而无法在头脑中把形式和内容分开，使思维超出所感知的具体事物或形象，进行抽象的逻辑思维和命题运算。比如：几何证明一定要基于图形来进行，否则难以深入；代数运算需要赋予适当的数值、背景，否则很难理解其含义；概率模型和事件发生可能性的计算也需要借助具体的案例，才能真正理解；等等。另一方面，学生的数学学习应当能够促进其思维水平得到发展，所以教学活动的设计和实施也应当致力于"思维的发展"。例如，在发展学生空间观念的教学环节中，开始的活动环节可以是"先动手操作,再借助想象"而在学习的后期,则可以是"先借助想象,再操作验证",以使学生的空间想象能力的发展有一个实质性飞跃。

重新定位教师角色。在数学学习活动中,教师起到组织、引导及合作的作用,在这个过程中,教师已经不再是纯粹的传授者,而转变为学生发展的促进者。以下是角色的性质解析:①对组织者,学习资源进行组织发现、寻找及收集,并组织学生开展有意义的数学学习活动,对课堂学习氛围进行有技巧性的营造等;②引导者,对学生学习活动起到一定的引导作用,并激发学生对先前的知识及经验进行探究,对学习活动做进一步的引导,从而最大程度地发挥课程资源的价值;③创建一种平等、民主且和谐的师生关系,营造一种宽容、理解且信任的氛围,激发学生的学习兴趣。与学生就学习的数学主题开展研究,并在活动过程中给予必要的建议等等。转变教师角色,从以往的教师教学生转变为师生间的相互学习,形成一个良好的共融体。教师在这一过程中发挥着重要作用,如开启启发性的模式,创造一种理解及激励探索的气氛,为学生创设问题情境,使自己掌握的知识与学生思考的问题产生联系。

针对不同的答案,可在加深理解的基础上,鼓励学生展开一系列的探讨,鼓励其将自己的思想及成果与同学分享,并审视自我看法。对于教师而言,需以学生为主体,善于抓住学生的想法,进而促使其对重要问题的关注,并推出有一定意义的交流事例。在这样的理念之下,数学教学活动就不再是一个单向的"知识传递的过程",而是一个借助多向互动(学生之间、师生之间),共同"创造与应用"数学的过程,数学课堂也不再仅仅是"传递数学的场所",而是一个"交流数学的场所"。

二、初中数学教学内容的核心理念

关于课程内容一共有六个核心理念，分别是数感、符号感、空间观念、统计观念、应用意识和推理能力。就初中数学教学而言，仅就后五个核心概念进行阐述。

（1）符号感。数学的"抽象性"，其代表性特征便是数学是由"一整套抽象的符号体系来表达的"。不论是概念、定理（包括证明过程）、法则、公式，还是在解决问题的过程中，学生在进行表示、计算、推理、交流等活动时，也都会频繁地使用数学符号。例如，在代数中，用字母表示数，用代数式、公式、方程、函数等表示事物之间的关系和变化规律，用关系式、图象、表格的手段对数学对象进行表示和对符号进行运算。

符号感主要表现在能从具体情境中抽象出数量关系和变化规律，并用符号来表示；理解符号所代表的数量关系和变化规律；会进行符号间的转换；能选择适当的程序和方法解决用符号所表示的问题。发展学生的符号感要使学生懂得符号的意义、会运用符号解决数学和数学以外的问题。

具体的学习活动包括挖掘问题情境中隐含的数学关系或规律等，并且用适当的数学符号或者数学模型，比如用代数式、方程（组）、不等式（组）、函数等表达出来；反之，对于现有的数学符号或者数学模型，能够以恰当的现实情境（问题）、变化过程进行匹配。

（2）空间观念。学生空间概念的养成，需从实物形状中对几何图形加以想象，然后从几何图形再想象出实物形状，从而实现几何体同三视图、展开图间的转化，并对几何图形或实物的运动及变化加以描述，同时对物体间的位置关系进行适当的描述，

11

进行直观思考等。事实上，极具想象力且创造性的探求过程便是空间观念的形成过程，该过程是人利用直观思考进行二维空间与三位空间的转换过程。

就初中阶段的课程内容而言，空间观念的表现主要包括：能从较复杂的图形中分解出基本图形，能描述实物或几何图形的运动和变化，能采用适当的方式描述物体间的位置关系，能借助直观对象进行思考、推理，等等。

具体的学习活动包括：认识基本图形的性质，并上升到逻辑分析的层面。如认识三角形之间的关系时，分析相应元素之间的关系，解释整体之间的关系；刻画图形的运动过程，并了解在运动过程中哪些事物（性质）发生了变化。如研究多边形运动时，使用几何或代数工具表示边长、角度、面积等是否发生变化；学习描述几何对象位置的代数化方法。如学习直角坐标系时，明晰坐标的内涵建立适当的坐标系以解决生活问题或数学问题。

（3）统计观念。统计观念是初中数学教学中应当给予充分关注的，原因有两方面。各种数据是未来人们学习、生活中必然会遇到的数学情境。比如，在商店购物时，要对商店的信誉做出判断；出门时，要了解未来的天气数据；上班时，要对路线及交通工具做出选择；观看比赛中，希望推测自己喜欢的球队有多大把握会赢；等等。②统计知识与方法的学习并非简单地计算统计量、统计图表。事实上，能从统计的角度思考与数据有关的问题，能通过收集数据、描述数据、分析数据的过程，做出合理的决策，能对数据的来源、收集和描述的方法、由数据得到的结论进行合理的质疑等，都属于统计观念的内涵。因此，关于发展学生统计观念的教学，包含更为宽阔的活动类型，而且更多的是以让学生经历整个统计活动全过程的现实开展的。例如：要统计一个交通要道的车辆通过情况，以便设置更加有效的信号灯变化程序。对于这样的问题，在教学过程中就需要引导学生设计统计指标——统计什么；制订数据收集方案——何时收集数据、怎样收集等；确定数据表达方式并从中获取有用的信息；确定必要的统计量，并实际计算；分析数据处理结果，获得合理推断并给出建议。

（4）应用意识。突出应用意识是新课程给人最为深刻的印象。计算机和现代信息技术的飞速发展，使应用数学和数学应用得到了前所未有的发展，数学几乎渗透到每一个学科领域，以及日常生活的方方面面。

新课程对培养学生的应用意识给予了特别的关注。具体而言，应用意识包含以下三层含义：

第一，使学生认识到现实生活中蕴含着大量的数学信息，数学在现实世界中有着广泛的应用。这表明，具备应用意识首先是能够以数学的眼光看待身边的事物，发现其中存在的数学。

第二，学生在面对实际问题时，能主动尝试着以数学的角度运用所学知识和方法，寻求解决问题的策略。事实上，现实中的许多现象、问题之中常常隐含着数学规律，而具备应用意识的人可以尽可能地挖掘现象（问题）中蕴含的数学规律，借助数学理论、方法解释这些现象并获得解决问题的途径。

第三，学生在面对新的数学知识时，能主动地寻求其实际背景，并探索其应用价值。初中数学基本上都能够在其生活中找到它们产生的实际背景。这里，学生具备应用意识是指当他们面对一个数学对象时，能够主动地寻找满足其条件的实际背景，甚至能够借助背景来解释该数学对象的内涵以及应用情境。

例如，面对一个具体的二元一次方程和一个二元一次方程组，能够主动寻找符合其特定要求的实例，并借助实例之间的差异，解释二元一次方程和二元一次方程组的区别。

（5）推理能力。在日常生活中，人们总是要不断地对各种各样的事物进行判断。而事物之间是具有种种联系的，因而上述的判断就是依据相应的联系，从一些事实（原理）或正确判断出发，去推导或引申出另一些判断，具有这种"推导"关系的判断，就构成了推理的过程。

推理一般包括演绎推理和合情推理两种，演绎推理就是比较熟悉的论证推理，它由一定的前提出发，然后利用逻辑的手段得到结论。演绎推理的前提必然蕴含结论。合情推理常常是根据已有的知识和经验得到可能性结论的推理，它的主要形式是归纳和类比。合情推理的前提与结论之间没有必然的关系。

在熟知的传统课程中，学生推理能力发展的主要目标就是发展学生的逻辑推理能力（主要通过几何课程来实现）。发展学生的推理能力，应当既包括发展其逻辑推理能力，也包括发展其合情推理能力。能通过观察、实验、归纳、类比等获得数学猜想，并进一步寻求证据、给出证明或举出反例；能清晰、有条理地表达自己的思考过程，做到言之有理、落笔有据；在与他人交流的过程中，能运用数学语言、合乎逻辑地进行讨论与质疑。

从上段描述中可得出以下结论：推理能力包括能通过观察、实验、归纳、类比等活动获得数学猜想，这一个过程实质上就是借助合情推理的方式，获得发现的过程。不仅如此，完整的推理过程还要求在上述合情推理的基础上，进行必要的演绎论证，并进一步寻求证据、给出证明或举出反例，能够清晰、有条理地表达自己的思考过程，做到言之有理、落笔有据。这一要求实际上就是指能够借助演绎论证方法进行逻辑推理活动。而在与他人交流的过程中，能运用数学语言、合乎逻辑地进行讨论与质疑则是要求学生能够借助数学进行理性化的交流。这里，更多地倾向于要求学生能够借助数学的语言（符号）去表达一个现象、一种认识和思考，以及对于采用这样的方式所表达的对象的认识、理解。

第三节 初中数学课程性质与主要功能

推进学生和谐、持续且全面的发展是义务教育阶段数学课程的基本出发点，这种课程的设定，既要从数学自身特点进行考虑，又要遵循学生在学习数学时的心理规律，同时应从学生已有的生活经验出发，从而把实际问题变成抽象的数学问题加以解释，最终促使学生理解数学，并在价值观、情感态度及思维能力等方面得到发展和进步。

初中数学课程的基本性质包括以下三个方面。

（1）面向全体学生。在义务教育阶段，将课程设置为适用于全体初中学生，所涵盖的从业者基本上关乎数学相关的职业，像研究天文学、理论物理、数学研究、教授数学等人，不过也有一部分是不到同龄段从业者人群的 0.1%，换句话说，从事职业与数学有着直接相关性的比例不到千分之一。

因此，所开设的数学课程，起点与终点都要关乎未来生活中的普通公民，不包括属于少数人所有、不利于心智发展、与学生的智力发展及心理水平相差甚远、偏离了数学科学发展方向且不

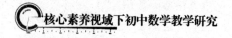

适应社会发展所需的内容。

（2）促使学生的基本数学素养得到提高是数学课程的宗旨，这点在义务教育阶段尤为突出。从这一角度分析可知，数学课程中所涉及的内容包括数学基本认知、应用能力、思想方法及知识技能等，而学生学习数学的正当途径是相应的教学过程。相比较而言，一些以传授技巧及特定技能的数学内容不适用于课程学习，同样，某些便于应对专业考试的教学活动过程，也不是学生学习数学的主要方式。

（3）实现学生的可持续发展。学生接受的第一个系统教育就是义务教育，这个阶段获取的学习课程有重要的意义。经过这一阶段的教育后，不管是就业抑或继续接受系统教育，对未来生活都会产生利好影响，因此学生在义务教育阶段所学的知识是最基础的，但也是不可或缺的，其为后续个人的可持续健康成长提供了有利条件。

在数学课程设置过程中须注意两方面内容：一是设定的课程内容需满足公民生活及发展，二是须有利于促进数学课程的学习。因此，学生数学学习中的重要构成因素包括对问题进行认识、分析及解决，以此掌握一些数学学习方法，在学习过程中学会学习、探究、思考及合作等数学学习活动。在数学学习中，可将交流、验证、猜测及试验等交流方式作为其重要的构成部分，而练习、记忆及模仿虽可置于数学学习过程中，但却无法将其作为主要的内容，尤其是为了提升自动水平、具体操作熟练度等的学习方式，如"分类记忆＋对号入座式"的"题型训练""题海战术"等，因此应谨慎使用。

第四节　初中数学核心素养与数学思想

一、初中数学核心素养

（一）初中数学核心素养要素

初中数学核心素养的要素。对于数学核心素养的内容，除了数学本身的知识、能力、方法、思想外，还涉及人成长过程中，作为一个社会个体不可或缺的基本素养。国际学生评估项目（PISA）指出数学核心素养包括交流，数学化，表述，推理和论证，设计问题解决策略，运用符号的、正式的、技术的语言和运算，使用数学工具等七个方面。《全日制义务教育数学课程标准（实验稿）》提出数学核心素养（即《标准》提出的十个"核心词"）包括：数感、符号意识、空间观念、几何直观、数据分析观念、运算能力、推理能力、模型思想、应用意识和创新意识。可以看出，这十个"核心词"所表达的内涵与 PISA 所表达的是相通的，也可以认为，这些内容应该是课标组专家所认为的初中数学学科的核心素养。

综上所述，初中数学核心素养应包括数学知识、数学能力、数学思考、数学思想、数学态度这五个方面。正如《标准》所指出的："数学课程能使学生掌握必备的基础知识和基本技能，培养学生的抽象思维和推理能力，培养学生的创新意识和实践能力，促进学生在情感、态度与价值观等方面得到发展。"

对于初中数学教育而言，如果数学教育不能在培养人的情感、态度与价值观等方面发挥积极作用，那么培养出来的将只是在数学智力上得到发展的人，这将导致无法培养出对社会发展有推动作用、对社会建设有价值的时代公民。如果数学学科没能在"立德树人"方面发挥应有的作用，那么它就难以真正融入教育改革与发展的大潮中。

当然，所有的学科教育教学目标都应包括情感、态度与价值观的目标，但不同学科在这个目标上的表现形式以及要求则既有相同之处又有所区别。

（二）初中数学核心素养要素之间的关系

部分学者认为初中数学核心素养各要素之间应是相互独立的，正如数学中分类思想的标准那样，应遵循"不重不漏"的原则。这种认识有失偏颇。作为构成初中数学核心要素的有机组成部分，正如《标准》所描述的数学课程总目标的四个方面之间的关系那样，它们不是相互独立和割裂的，而是一个密切联系、相互交融的有机整体。数学知识作为数学核心素养的基础性部分，是学生提升数学能力、学会数学思考、感悟数学思想的重要载体。离开数学知识，数学能力与数学思考也就成了无源之水、无本之木。数学能力包含发现问题、提出问题、分析问题及解决问题等多方面的能力，而其正是数学知识在问题解决过程中的外显，是数学知识作用于新的情境的表现形式。离开数学知识的数学能力是不存在的，而只有数学知识没有数学能力的人也是不存在的，只不过能力存在高低差别而已。可见，数学知识、数学能力不可避免地要与数学思考、数学思想、数学态度等要素联系在一起。而数学思考是指运用'数学方式的理性思维'进行的思考，它培养学生以数学的眼光看世界，从数学的角度去分析问题的素养。[①]学生进行数学思考，需要数学知识、数学能力作为支撑，同时也需要数学思想及数学态度发挥作用。因此，构成数学核心素养的

① 教育部基础教育课程教材工作专家委员会.义务教育数学课程标准（2011年版）解读[M].北京：北京师范大学出版社，2012.

五个要素是有机的整体。它们在促进人的全面发展中发挥着积极的作用。

比如作为数学中具体数学知识的有理数的减法法则，，它的内容是，减去一个数，等于加上这个数的相反数。这个知识点包含很多相关的数学知识，如数学概念，如相反数等，也包括数学运算，如减法、加法。当然，从广义的角度来说，远远不限这些，该法则还包括其蕴含的程序性知识与策略性知识，如转化与化归思想。这也从另一角度说明了构成数学核心素养的五个要素是互为一体的关系。

如果单纯掌握减法法则这个知识，但不懂得将这个知识运用于有理数运算中，那么这个知识就是无用的知识。很多教师在日常教学中，让学生去背诵法则，却并没让学生真正明白如何运用法则。有些时候虽然是进行运算，但并不是用法则的表现，因为欠缺数学思考的法则，即使学生进行了运算，也仅仅是模仿，而不是具备运算能力的表现。这里的数学思考，也就是让学生将法则，通过结合自身以往的经验，经过自身思维上的加工，激活它，使它由教师的、教材的变成自己的。这就需要教师在课堂教学中提供让学生用自己的语言去解释它的机会，鼓励学生用具体示例去验证，促使知识得到内化，然后再通过适当的练习进行强化、巩固，进而成为学生自身的知识。而学生在解释与运用的过程中，就会感受到减法变为加法的思维过程，理解减法变为加法的运算算理，并在这个过程中感悟其中蕴含的转化与化归思想。当出现错误时，能自觉回到法则中去，运用法则来对运算进行修正，这都需要学生有良好的数学态度。进一步来说，可以从知识的含义、数学知识的内容等方面去看待数学核心素养各要素之间的一体化关系。

数学知识就是客观事物在数与形方面的特征与联系在人脑中的能动反映。由此可以看到，数学知识事实上是反映在数学领域上的知识，它包括"数学的概念和原理（包括性质、法则、公式、公理、定理等）；由内容所反映的数学思想方法；按照一定程序与步骤进行运算、处理数据、推理、作图、绘制图表等数学技能。其中，数学概念、数学原理对应于陈述性知识（或明确知识）；数学思想方法和数学技能对应于程序性知识，其中数学技能对应于领域的自动化基本技能，数学思想方法对应于策略性知识。"[①]

综上所述把构成数学核心素养的五个要素看成五个相互独立的个体，是不合适的。事实上，对于数学教育教学来说，更应该关注、研究的是如何在课堂教学中培养学生的数学核心素养，如何促进不同学生的数学素养得到不同程度的发展。

课程改革的关键在于教师，同样，课堂教学中促进数学核心素养落地生根的关键也在于教师，在于教师的教育观念、理念，而不仅仅是教学方法、教学技术。

（三）初中数学核心素养的教学评价

以下以一节具体的课为例，来尝试分析关于数学核心素养的评价层级问题。本课是北师大版数学教材九年级上册第二章第六节第2课时的内容，课题是"应用一元二次方程（2）"。

首先需要明确的是，正如核心素养的定义所强调的，核心素养是学生在接受相应学段的教学过程中，逐步形成的适应个人终身发展和社会发展需要的必备品格与关键能力。因此，学生数学核心素养层级的划分与学生已有的经验水平以及认知能力有

① 　 曹才翰，章建跃. 数学教育心理学（第二版）[M]. 北京：北京师范大学出版社，2006.

关。从这个意义上来说，应用发展的眼光来看待学生数学核心素养的层级，只有这样，数学教育教学才能适应学生个性发展的需要，才能真正做到根据学生的具体情况而培养与发展他们的数学核心素养。

该课的主要内容是运用一元二次方程这个数学模型，来解决现实生活中关于销售利润的问题。本课涉及三个数量关系：①单件商品实际利润＝单件商品的实际售价－单件商品的成本；②实际销售量＝原有销售量＋变化量（当销售量增加时，变化量为正，当销售量减少时，变化量为负）；③实际总利润＝单件商品的实际利润 × 实际销售量。

从数学知识（这里主要从狭义的角度，即指陈述性知识）的角度来分析，本课主要包含一元二次方程的解法步骤、上述的三个数量关系、列一元二次方程解应用题的基本步骤等。由于学生刚学习过一元二次方程的解法，因而在这里，从数学素养的层级性来看，解一元二次方程属于第一层级的数学知识素养。而对于列方程解应用题的基本步骤，由于学生已具备较为丰富的经验，在大脑中已留下较为深刻的印象，而且这些知识都是七、八年级所形成的，因此也可以称之为第一层级的数学知识素养。而对于上述的三个等量关系，等量关系①与学生的现实生活体验直接相关，学生可以与现实生活直接联系起来，因此属于第二层级的数学知识素养；等量关系②虽然涉及变量的知识，但学生仍可结合生活经验去理解，因而可以认为也属于第二层级的数学知识素养；等量关系③是由等量关系①与②组成的，受等量关系①与②的影响，但单纯从陈述性知识的角度来说，它的难度也不大，通过教师的举例阐释，学生仍能理解，所以可把它归于数学知识素养的第三层级。从上述的分析可以看出，此课程数学知识素养的三个层次，对应布鲁姆教育目标分类（认知领域）中的知识层面，即回忆、选择与陈述。

当然，上述的分析是基于学生对商品销售这个生活化情境有所体会的基础之上的。基于这个分析，为了在课中达到培养学生数学知识素养的目的，应该清楚学生是否掌握一元二次方程的解法，应该创设具体的生活化情境帮助学生"回忆"上述三个等量关系的事实，让学生在问题解决的过程中回忆列方程解应用题的基本步骤。

从数学能力这个素养的角度来分析，课程主要包含：会选择合理的方法解所列出的一元二次方程模型，这属于运算能力；会用合适的代数式来表达上述的三个等量关系，包括引入合适的未知数，这属于符号意识与运算能力；会根据实际问题找出问题中包含的上述三个等量关系，这属于阅读理解能力及分析问题能力；会根据问题，判断解出的模型结果的合理性，这属于发现问题的能力；解决问题的过程中，会解释自己的思维过程，会对自己的解答过程做出合适的评价。从数学能力核心素养的层级来分析，学生学完一元二次方程的解法后，基本能根据不同的方程选择不同的解法，因此"解一元二次方程模型"对应的是数学能力素养的第一层级。"引入未知数及用代数式表示等量关系"，这涉及数学化及符号化的思维过程，课程中涉及直接引入未知数与间接引入未知数的问题。因此，这个能力应属于数学能力素养的第三层级。找出问题中包含的三个等量关系，涉及数学阅读能力、抽象与概括能力、信息的加工能力等综合能力，但由于本课中问题的情境与学生的生活直接相关，对学生来说难度较小，所以可以把这个能力也归于数学能力素养的第三层级。

判断模型结果的合理性，不仅要检验结果是否是模型的解，而且要检验结果是否符合生活实际，有时还涉及问题中隐含条件的挖掘与运用。这个能力应属于第二层级（可直接判断）或第三层级（需要挖掘问题中的隐含条件），甚至第四层级。"解释自己的思维过程"，这涉及运用数学语言来表达思维的能力，不仅需要学生充分理解问题、模型，探索模型的思维过程，理解他人的表达，还需要学生具有较强的语言表达与交流能力，故可认为这种能力属于数学能力素养的第四层级。

综上所述，课程中数学能力素养的四个层次，对于布鲁姆教育目标分类（认知领域）中的理解、应用、分析、综合及评价五个方面，均有涉及。从数学思考这个核心素养的角度来分析，该课题主要包括：会用符号及代数式表示销售量与单件商品的售价（或单件商品的利润）之间的关系；会根据单件商品的售价（或利润）的变化确定销售量的变化；在问题解决的过程中感悟模型思想，体会一元二次方程这个刻画现实生活的有效模型；理解当单件商品的售价（或涨价等）发生变化时，单件商品的利润、销售量的变化，感受这个函数关系。其中，"用符号及代数式表示销售量与单件商品的售价（或单件商品的利润）之间的关系"，涉及符号化思想与形式化思想，而当引入了未知数后，只需要将实际问题的语言转化为数学关系的语言表达即可，这需要学生对问题中反映的数学关系有数学化理解。这对于学生来说，具有较大的挑战性，因此可认为这属于数学思考素养的第三级。

模型思想是数学思想的核心内容之一，根据实际问题建立一元二次方程的数学模型，不仅需要学生理解问题中反映的数量关系，还需要学生具备相关的数量关系经验，如总利润 = 商品的单件利润 × 销售量，这建立在学生对生活的数学化理解的基础之上，需要学生具备良好的数学概括能力、数学抽象能力与符号表征能力。同时，在模型的推广与应用过程中，需要学生根据具体的问题抽象出数学问题，进而建立与一元二次方程相关的认知结构。因此，这个素养的层次属于数学思考素养的第四层级。由问题中反映的数量关系可知，当单件商品的售价或利润发生变化时，销售量也会随之发生变化，这种变化关系，学生可以从问题中获取信息，也可以从对生活的理解中获取，但这种关系是建立在学生数学阅读的基础之上的，这种关系是不是函数关系，需要学生对函数概念的本质（即对应）有一定的理解。所以，如果单纯从销售量与售价的关系的直观理解上来看，可以认为这属于数学思考素养的第三层级，但若从函数观念上理解这种关系，则属于数学思考素养的第四层级。

从数学态度这个素养上来分析，该课题主要包括：积极主动阅读问题，并在阅读过程中主动分析问题中的已知量、未知量及数量关系；积极主动地将新问题与以往的知识及生活经验建立联系，并在此基础上进行思考与交流并抽象概括出数学模型；当面临系数较大的一元二次方程时，可以积极主动地联想解一元二次方程的经验，合理选择解方程的方法，使数学模型得以顺利求解；在经过解决层层递进的、逐步抽象的问题序列的过程中，获取销售量与售价之间的对应关系，并在突破这一难点的过程中树立学好本课知识的信心，激发学习兴趣；在运用一元二次方程模型解决实际问题的过程中，抽象出数学模型，获得成功的体验，从而提升数学学习的求知欲；在对模型求解所得结果的分析与辨析的过程中，回到问题中去，修正错误，形成严谨求实的科学态度。

数学态度这个核心素养，需要以具体的数学知识为载体，以具体的教与学的行为的过程及结果为评价标准。其不是从学生的数学学习中完全独立出来，也不是空中楼阁，是可以评价的，可以通过学生的课堂学习表现来测量。"数学阅读"作为问题解决的第一个关键环节，不仅需要学生有阅读分析的能力，还需要有阅读的信心与兴趣，而信心与兴趣是建立在学生能进行数学阅读的基础之上的，是学生数学核心素养最基本也是最为核心的要素之一，没有这一要素作为支撑，课程的其他素养都将无法获取，都只能是教师的数学学习而不是学生的数学学习。因此，将其称之为数学态度这一要素的第一层级。

"能坚持选择合理的方法解模型"，这不仅需要经验与能力，还需要分析与观察能力，需要克服计算困难的信心与毅力，这也是学习数学的必备品格，这里把它划分为数学态度素养的第二层级。

"主动地思考与获取数学模型"，不仅需要具备较丰富的数学知识与较强的数学思考与应用能力，而且需要学生具备思考、钻研与交流的学习方式与精神，而这种素养是建立在学生以往的知识经验与认知水平、情感态度的基础之上的，因此把它划分为数学态度素养的第三层级。

"检验结果的正确性，发展批判性思维"，这是本课题的重点之一，而发展批判性思维更是数学教育教学的核心任务之一，需要的不仅仅是能力，还需要一种精神、一种意识、一种自我提升的观念。这部分内容在教学过程中并不困难，但往往被大部分教师所忽视。从数学教育教学的高度来说，这是重点也是难点，所以将它划分为数学态度素养的第四层级。

从数学思想这个素养上来分析，本课题蕴含的数学思想主要是模型思想，在获取模型的过程中，还会运用到从特殊到一般、从具体到抽象的思维方法，在分析、理解与感悟模型的过程中还将用到函数思想。

关于模型思想，《标准》的解释如下："模型思想的建立是学生体会和理解数学与外部世界联系的基本途径。建立和求解模型的过程包括：从现实生活或具体情境中抽象出数学问题，用数学符号建立方程、不等式、函数等表示数学问题中的数量关系和变化规律，求出结果并讨论结果的意义。这些内容的学习有助于学生初步形成模型思想，提高学习数学的兴趣和应用意识。"这个过程也就是：现实问题—数学问题—建立模型—求解模型—解释（现实问题）。可见，学生对生活中具体现象的理解与体验水平，影响他们的数学化质量，决定学生能否顺利将实际问题转化为数学问题来进行思考。课程中，学生结合生活的具体经验，初步抽象概括出三个直观的数量关系，再通过引入适当的数学符号，将前面所得的数学模型进行符号化、形式化表示，这不仅需要学生对所学习的数学模型（方程、不等式、函数等）具有较全面的理解，还需要学生具有良好的运算能力、符号化能力。在上述的三个数量关系模型中，对于学生来说，第二个较为困难，而其中又较为困难的是"变化量"的代数式表示。因此，教学时常常需要教师举出较为丰富的具体示例，让学生在解答问题的过程中发现规律，归纳方法，这就需要学生具备良好的观察能力、归纳能力等。

从学生数学素养发展的角度来说，单纯从解答该课问题的过程中感悟模型思想，并且运用该课的数学模型来解答相似的利润问题，仍显不足。事实上，数学模型"实际总利润＝单件商品的实际利润 × 实际销售量"，它的本质是一个"A=B×C"型的数量关系模型，这个模型虽然不构成正比例或反比例关系，但它与行程、工程等问题的数量关系，在模型的结构上是相似的。因此，如果教学中能引导学生对它们进行分析与辨别，则有利于提升学生的解题能力和数学思维水平。

作为策略性知识的数学思想，往往"只可意会而不可言传"，"只有在实践的过程中亲自动脑、动手去做，获得体验，产生领悟，才能达到学会的目的"。[①] 这样，数学思想的感悟，就不仅与学生的知识水平、能力水平有关，而且与学生的数学学习态度、思维品质等都直接相关。

基于以上的分析，可以认为，数学思想应渗透于数学核心素养的每一层级。当数学思想发挥工具性作用，指导解决具体的数学问题时，它属于一、二、三、四层级，而当数学思想影响人的思维方式，在人的成长中发挥作用时，则属于第五层级。

二、学科能力理论框架

（一）数学学科能力分析

（1）数学能力的发展对学生的认知发展起着重要的作用，数学能力的研究很早就成为国内外许多教育学家和心理学家感兴趣的一个领域。苏联心理学家克鲁捷茨基在其代表作《中小学生数学能力心理学》中总结如下："数学能力由九种成分组成：①概括数学材料，从外表上不同的方面去发现共同点的能力；②使数学材料形式化，用关系和联系的结构来进行运算的能力；③用

---

① 　曹才翰，章建跃.数学教育心理学（第二版）[M].北京：北京师范大学出版社，2006.

数字和其他符号来进行运算的能力；④连续而有节奏的逻辑推理能力；⑤用简缩的思维结构来进行思维的能力；⑥逆转心理过程，从正向的思维系列到逆向的思维系列的能力；⑦思维机动灵活，从一种心理运算过渡到另一种心理运算的能力；⑧数学记忆能力；⑨能形成空间概念的能力。"[1]

以上九种能力总结起来包括记忆能力、推理能力和形式化能力。不仅包括了数学所特有的能力，还包括一般性的能力。

（2）国际大型测试 TIMSS 的数学能力测试框架是一个二维框架，包括内容维度和认知维度两部分。内容维度界定测评涵盖的特定内容，认知维度说明学生解决相应题目时所需要的能力，并以认知水平来界定能力水平，能力水平包括了解（knowing）、应用（applying）、推理（reasoning），每一方面被进一步细分为众多子项。[2]

（3）PISA 2012 数学素养模型包括四维度架构。①情境维度，即问题情境，指 15 岁学生所可能面临的各种问题，具体包括个人生活的、职业的、社会性的、科学性的四种情境。②学科领域（内容维度），即空间和图形（space and shape）、变化和联系（change and relationships）、数量（quantity）、不确定性（uncertainty）。③过程维度，即 3 种数学过程和 7 种数学基本能力。能力为交流，数学化，表述，推理和论证，设计问题解决策略，运用符号的、

① 　　　[苏联]克鲁捷茨基.李伯黍等译.中小学生数学能力心理学[M].上海：教育出版社，1998.
② 　　　张伟平.TIMSS 测试的认知诊断评价标准下中美学生数学能力比较[J].数学教育学报，2010，19（04）：66-69.

正式的、技术的语言和运算以及使用数学工具。④认知能力水平。[①]

学科能力的评价模型通过学科能力来体现学科目标，并用学科内容领域、认知要求、表现水平与描述、问题情境对学科能力加以描述。[②]上述学科能力测评框架，为本书奠定了理论基础。

（二）"学习—实践—创新"的学科能力理论框架的提出

《国家中长期教育改革和发展规划纲要（2010—2020 年）》提出的四大战略主题之一，为"坚持能力为重"，其指出："提高学生的学习能力、实践能力、创新能力。"本书基于"学习—应用—创新"的学科能力概念和构成要素，依托"中小学学科能力表现研究"项目提出学科能力表现测评的基本框架——学科内容维度和心智水平维度[③]，在相关研究的基础上，构建基于"学习—应用—创新"的数学学科能力表现指标体系，使得学科能力可调控、可干预、可观测、可评价。

数学学科能力是数学作为专业学科在本身从萌芽到成熟的长期过程中积累形成的，体现了数学学科的基本特征，密切结合具体的数学专业体系描述和数学知识应用行为，数学学科能力体现在数学知识应用行为中，同时在其中不断丰富、完善自己。数学知识实践的前进不仅仅由一种能力推动，而是多种能力的综合体现[④]，数学知识实践主要体现如下方面：数学推演、数学论证、

① 董连春，曹一鸣.攀登数学教育研究高峰第 39 届国际数学教育心理学大会综述 [J].数学教育学报，2016，25（02）：1-10.

② 中华人民共和国教育部.国家中长期教育改革和发展规划纲要（2010—2020 年）[M].北京：人民出版社，2010.

③ 支瑶，王磊.高端备课：促进学生核心认识和关键能力发展 [J].人民教育，2015（19）：59-63.

④ [苏联] 克鲁捷茨基著；李伯黍，等译.中小学生数学能力心理学 [M].上海：教育出版社，1998.

数学模型，相应为数学的计算能力、逻辑能力、解决问题能力。

（三）数学学科能力构成的理论

以学习、应用和创新为基础的数学学科能力是指顺畅地进行学科知识学习的行为、应用数学知识方法解决实际问题的活动、利用学科知识落实新遇到和相当模糊问题以及发掘新知识点和新措施的创新行为。依据数学本身的专业特点、学生应掌握的教学内容、学习的头脑活动特点等，对数学学习解析能力、数学知识运用能力和数学创新转移与迁移能力概念说明如下：

数学学习解析能力可从多角度进行定义，一些专家认为，数学解析是动态的，是对数学学科结构组成认识、不断进行活动的组织和实现数学学科价值作用活动的分析过程。对一个数学知识表述的理解，是指学习者掌握学习对象的图解、公式，了解知识要点的程序性，不仅建立产生式系统，而且建立双向产生式系统。数学推演过程的核心是学习者能完整而深刻地理解知识结构中各要素关系和准确表达其概念。[①] 有的专家将数学感知定义为"学生在了解数学知识，并有实践的基础上，心理上形成新知识的表征，头脑中不断更新、健全知识网络，并能随机提取出来用以解决实际问题的思考活动过程"[②]。也有专家指出，数学解析是由上而下、分层组成的。参考以上，可见数学学习解析涵盖如下几个方面：一是能够完整、随机、通畅、正确地提取数学内容；二是能够以多种形式总结、表达数学知识，并在多种表达形式之间进行无障碍的调整选择；三是能够形成各知识点间的广度和深度的联系纽

① 黄燕玲，喻平．对数学理解的再认识[J]．数学教育学报，2002（03）：40–43.

② 王光明．关于学生数学认知理解的调查和思考[J]．当代教育科学，2005（23）：62.

带；四是善于在学习数学知识过程中应用数学推理。

数学知识运用能力也是有广度和深度差别的，数学知识运用能力可定义如下：一是能够在各种情况下，配比实际问题反馈的信息与相关知识，以数学的定律、原理进行数学计算和绘图，完成相关任务；二是能够结合实际情况配比实际问题、反馈信息点与相关知识，将数学知识作为工具用以解决问题。数学创新转移迁移能力可分为数学创新能力和数学转移迁移能力两方面，二者紧密联系。数学创新能力表现如下：一是在数学学习中能积极响应新出现的数学方法，并能"创造性"地进行掌握和应用；二是能够模拟情景、积极推测、合情推演；三是对实践中的不同的解决问题方法进行对比、剖析和品评，并有明确的个人观点；四是能够学以致用，用学过的知识和方法，探索各相关知识之间的联系，深入探索未知领域。

三、初中数学核心素养与数学思想方法的融合

当前，我国初中重点进行思想教育的改革以促进教育改革的发展，需要重点关注的是，进行初中数学教学时，需要促使核心素养与数学思想方法紧密结合。核心素养的基本概念、初中数学核心素养与数学思想方法结合中存在的问题，都需要有针对性地进行研究。

初中数学教育应在继承本领域的优良传统基础上，总结经验、与时俱进，这需要教师勇于改变传统的教学模式，引导学生成为教学的主人，培养学生的独立性、创造性，使其能够运用数学思维方法解决现实问题。所谓提倡素质教育，就是学生发挥特长、勇于探索、培养兴趣，避免兴趣因过重的训练任务而消磨殆尽，避免让因为学习积极性不高、学习无兴趣而厌倦学习数学的情况。

（一）初中数学核心素养特点

初中数学核心素养特点具有如下特点：

（1）目标具体化。有清晰、特定的目标来学习，同时围绕此目标进行相应的教学活动，探索初中数学教学多样化拓展，加强分层次教学并注重科学性，全面提高初中数学的教学质量。

（2）内容完整性。初中数学教学中培养目标需要强调核心素养的重要性，这要求教学体系完整，课堂教学的内容高效、丰富，课前准备和课后复习都是完整体系的一部分，内容由浅及深，重点与难点放到最后，这样初中数学课堂的教学质量就能全面提高。以上能够将核心素养与数学思想互相融合，进一步提高数学吸引力，完善教学模式。

（3）加强操作能力培养性。操作能力是素质教育的重要内容，只有加强了实际操作能力才能达到学习目的，因此初中数学课堂教学的吸引力形成和加强是必须的，以正确的数学思维理念进行指导，采样多种途径解决数学问题，丰富学生解决数学问题的办法，提升学生运用数学解决实际问题的能力。

（二）实现核心素养与数学思想的融合路径

（1）不断改革教材。想要进一步落实核心素养与数学思想就要革新教学内容。在新课标出现后，初中数学教学就进行了改革，目前数学教材皆为依据新课标的规定调整过的，但是有些内容与实际应用有差距。因为当下受高考的影响，教育重视考试效果，由于缺少了应用检验，许多题目不适应社会发展，因此必须对教材进行革新。基于现行教材，结合素质教育，进行合理的内容深化，渗透日常生活元素。（2）教学思维明确深化。数学教学分解为数学思维和数学知识，思维可以学习相应或建立数学理论和应用知识，而知识又是思维的主要部分，两者密切相关。总之，只有当学生的数学思维达到一定水平，才能提高其数学使用水平。因此，在教授数学过程中，要善于总结，在平时慢慢向学生渗透必要的思维方法。

（3）提升数学计算能力。在现今的教学模式下，学生的应用数学能力较弱。针对此情况，可通过一下方式进行解决。①加强教学概念变化的演示，因为数学概念是从现实世界抽象出来的，反映了真实的数学变化，是一种深入的反映世界本质的专业体系，因此教师应在教授过程中深入地引导学生，②对于实际问题通过建立数学模型的方式进行教授，然后利用数学知识与思维模式找到答案，在解决问题的同时进行反思总结，使得数学新思维和新观点体系不断完善。

第二章　初中数学教学模式探究

　　初中数学教学模式是在一定教学思想或教学理论指导下建立起来的较为稳定的数学教学活动结构框架和活动程序。本章论述教学模式相关内容，研究初中数学翻转课堂教学模式，探讨初中数学"互动生成，内在建构"和"自主学习，以学定教"的教学模式。

第一节 教学模式概述

"模式"由英文"model"一词汉译而来，"model"还被译为"范式"、"模型"、"典型"等，通常指在理论范围内的被研究对象的逻辑框架，是理论与经验之间，具有可操作性的一种知识系统，属于对现实再现的简化理论性结构。该教学模式为作业和课程的布置提供教材的计划或范式。但是，实际教学模式不属于计划，计划具有鲜明的具体性和操作性，而不具有理论色彩。但是在教学理论方面，引入"模式"一词，反映出一定的教学理论指导或教学思想下，对不同类型的教学活动要建设出多种基本框架或结构。

一、教学模式的特征

教学模式具有以下五个特征：

（1）可操作性。教学模式虽为一种教学理论，但它是具体的、可操作的。它对教学理论或教学方式进行简化，集中表现关键部分，脱离抽象理论的束缚，呈现出具体的教学操作模式和教学行为，为教师的课堂教学提供理论依据的同时也有实践操作价值，使得教师能够更好地掌控课堂。

（2）指向性。无论哪一种教学模式都是在教学目标的基础上制定的，并且不同的教学模式，其使用条件也有差异。因此，教学活动没有固定的教学模式，即所谓"教无定法"。如果运用一种教学模式有效实现了教学目标，那么该种教学模式就是适合该教学活动的模式。教学模式具有指向性，因此应根据不同教学活动的特点和功能来选择适宜的教学模式。

（3）稳定性。教学模式是从理论层面对教学实践活动具有的一般规律进行总结的一种稳定的方式方法。正常情况下，其与教学内容不存在直接联系，只是提供一种教学步骤，供教学时参考。教学模式作为一种教学理论，其产生与社会密切相关。因此，教学模式具有相对稳定性，它的提出取决于社会整体的教育方针和教育目标，反映的是社会历史中政治、经济、科学、文化和教育等的发展情况。

（4）完整性。教学模式既是教学现实情况的体现，又是教学理论的概括，集二者于一身，具有完整的结构。从理论角度规定了其在实际教学过程中的使用要求，做到了理论与实践的结合。

（5）灵活性。教学模式不是专门为特定教学活动或内容而制定的，只是一种教学理论或思想的体现，运用于实际教学过程中时要具体分析、主动适应，结合学科特点、教学内容以及教学条件和环境、师生特点等进行选择和调整。

二、教学模式的发展与类型

纵观我国的教学发展历史，其拥有多种教学模式。比如春秋时期孔子提出的学习观点。他提出学习是一个过程，由很多环节构成，但主要有四个：学、思、习、行。《中庸》又将学习过程分为五个阶段：博学、审问、慎思、明辨、笃行。荀子认为学习这一过程应由闻、见、知、行四个环节构成。以上这些都是对学习过程的理论概括，是世界上出现的最早的教学模式。近代之前的教学过程通常由五个环节构成，即讲—听—读—记—练，这是一种十分刻板的教学模式。欧洲资本主义的迅速发展推动了教学方式的变革，教学过程分为四个阶段：观察—记忆—理解—练习。18世纪末，教学融入了心理学相关原理和方法，教学模式表现为"四段论"：明了—联想—系统—方法。之后，又有了"五段教学法"的教学模式。

20世纪以来，世界发生深刻变化，各国在政治、经济、科学和文化方面有了巨大变革，教育行业也受其影响发生了变化，特别是受20世纪初世界性经济危机的影响，教育教学面临着新的发展危机。传统的赫尔巴特教学模式已无法适应这种条件下的教育教学，无法满足社会变革的需求。美国的实用主义教育家杜威提出的"五阶段"教学模式就是顺应社会发展，对教学进行的一次大胆改革。这种教学模式主张以儿童为中心，对于教学的要求是"从做中学"。杜威根据儿童天生的才干和兴趣爱好，结合社会发展的特点，提出著名的"五步法"教学模式，即遇到障碍—确定问题—提出猜想—推论—验证。之后，克伯屈等人在此理论的基础上提出了"设计教学法"，使实用主义教学模式得到了进一步的发展。

"发现学习"的教学模式为确定结构—掌握课题—提供素材—提出假设—预估答案—验证—得出结论，其是美国的教育心理学家布鲁纳在20世纪50年代按照结构认识论的特点提出的。这种模式具有现代教学的特征，同时注重教和学这两个方面。与其具有同样特点的还包括同时期联邦德国使用的"范例教学"模式，以及20世纪六七十年代在保加利亚出现的"暗示教学"模式等。

进入20世纪50年代后，教育事业蓬勃发展，各种教学模式相继出现，比如马歇尔和考科斯的以探索社会为目的教学模式、塔巴的归纳教学模式、布鲁纳的探索发现教学模式、皮亚杰和西格尔共同提出的认知发展模式、奥苏贝尔的先行组织者模式、罗杰斯的学生独立学习教学模式、斯金纳的条件反射教学模式等，这些都是对后世产生了深刻影响的教学模式，它们基本可以划分为以下四大类：

（一）经典性教学模式研究

经典性教学模式以传统教学模式为基础，在合理继承其基本原理和理论的同时，又不断研发传授系统知识与技能的新方法。其最典型的代表为范例教学模式、掌握学习教学模式和巴特勒的七阶段教学模式。

（1）范例教学模式。范例教学顾名思义是要列举日常生活中足以体现教学本质的基础和根本因素以及具有教学意义的范例，让学生从中获取、掌握其他方面的知识，具备举一反三的能力。范例教学模式共包括四个阶段：举例说明个别事物—举例说明一类食物—举例说明具有的规律和所属范畴—举例说明扩展知识的范围。

（2）掌握学习教学模式。20 世纪 60 年代后期，掌握学习的教学模式出现，共有三个阶段。首先是定向，在开始一个单元的教学前，要先给学生讲授清楚这一单元的学习目标，激发学生的兴趣，促使其树立自信心，培养正确的学习方法。其次是实施，一般使用以班级为单位的集体教学法来进行单元教学。最后是检验，完成每一单元或所有教材内容的教学之后，对学生进行摸底测验，了解其掌握知识的程度，从中发现问题并及时解决。（3）七阶段教学模式。其七个阶段包括：①情境，为学习知识技能创设的条件，分为内部和外部两种；②动机，诱导或激发知识与技能学习的动力；③组织，掌握知识的结构以及所学技能的属性；④应用，努力在实践中运用所学知识和技能；⑤评价，对应用进行评价；⑥重复，巩固温习所学知识与技能；⑦推广，学习迁移，学会在新的情境应用所学知识与技能。从中可以看出，七阶段教学模式是对传统教学模式的一次巨大延伸和拓展，在结合传统教学理论和现代心理学相关知识的基础上提出了新的教学方法。

（二）探索性教学模式研究

探索性教学模式是在新知识不断增加，学习越来越注重能力的背景下产生的。提倡这种教学模式的人认为，应抛弃传统教育只注重知识传授而忽视能力培养的教育理念，应优先培养学生的探索学习能力。学生在教学过程中不应是被动接收者，而应是主动探索者。布鲁纳作为当代提倡探索性教学模式的代表人物，于20世纪60年代提出了"发现法"。其分为四个步骤：确定问题—提出假设—验证假设—得出结论。20世纪70年代，又出现了基本思想与"发现法"模式相同的"探究—研讨"教学模式。

（三）程序性教学模式研究

程序性教学模式的主要表现是在教学过程中严格遵守某种程序或算法，教学过程分为很多小的环节，各环节之间具有紧密的逻辑联系，这样就能克服传统教学模式的缺陷。这种模式的实施一般需要借助教学机器，有时甚至需要全部依赖教学机器。

（四）开发性教学模式研究

开发性教学模式是一种全新的教学模式，主要目的是运用某种方法激发人的学习潜力，让人在轻松快乐的氛围中学习。其典型代表是于1955年提出的暗示教学模式。"暗示"的含义为在外部条件的作用下，对学习主体产生潜移默化的影响，使其完成学习任务，实现学习目标。暗示是利用环境与人之间的关系进行的，在无意中发挥学习的强大功效。教学不仅要注重有意学习的培养，还要重视无意学习的作用，将二者有机结合起来，共同开发人的学习潜能。洛扎诺夫首次提出的只是一种，之后，他将这一理论与外语教学相结合，从而正式创立所谓暗示教学模式。其被广泛应用于其他学科，得到了其他国家的大力推广，推动了教学变革。

暗示教学的五个操作过程具体如下：①创造轻松活泼的学习氛围，通过对话和游戏等环节达到复习知识的目的；②用对话的方式引入新的学习内容；③让学生背靠椅背，调整呼吸，放松自己，抓住学生的无意注意，即利用所谓瑜伽原理保持最佳的学习状态；④在教授新内容时，教师需要借助一些形象化的手段，如声情并茂的朗诵、舒缓的音乐以及具有暗示意义的对话和游戏等，让学生自觉地获得新知识；⑤用轻松幽默的语言吸引学生的注意，完成教学。

对比以上四种教学模式，可以发现经典性教学模式趋于稳定，是在继承传统的基础上建立的，实用性很强，适用范围广。探索性教学模式是一种不同于传统教学的模式，抛弃了传统教学中一些不合时宜的方法，人们更认可它所体现出来的一种教育理念，随着教育水平的不断提高，它的价值也会显现出来。程序性教学模式依赖于教学机器，提供的是一种标准化的教学模式，开发性教学模式的主要特点是能够利用学生的无意学习，有效实现教学目标。目前它还处于发展阶段，未来必定会对教学方法产生深远影响。

三、教学模式的发展趋势

（一）重视学生的趋势

在某种程度来讲，所有具有价值的教学都是建立在学生对于学习过程的认知上的。就算开始重视学生学习过程的研究，也不代表开始承认在教学中的主体是学生。在教育中，全球各地都会忽视教师在教学过程中的主导作用，忽视严格教学的问题。而赫尔巴特对于学生学习的研究就是为了让教师的权威更好地发挥作用。当人们认识到教师被忽视的严重性之后，又开始仓促转向传统教育，在这仓促的转向过程中难免会出现轻视学生主体和能动作用的问题。于是，把学生作为教学过程中的主体就成了大多数教学模式的共同点，更有甚者直接承认学生在教学过程中处于主体地位，以其带来的能动作用作为前提去推广自己的教育理论体系。教学的基本规律决定了学生在教学地位中的主体地位，在推动终身教育学习体系中更是要求教育者更进一步地发挥学生作为主体的作用。将来教育中的"带领学生学习"也将逐渐演变成"引导学生学习"。

（二）重视能力的趋势

以赫尔巴特理论为首的传统教学理论在强调传授知识的系统化和严格化的同时，虽然没有否定发展能力的意义，但始终把它放在次要的地位上，从属于传统教学理论。而现代的教育家则已不再为了知识与能力去否定对方。大多数人认为教学应该是传授知识和发展能力双管齐下。在针对传授知识和发展能力更应该侧重哪一方面的问题上大致具有三种观点："保守派"的人认为不仅要宣传教学的首要任务是传授知识，还要肯定发展能力在教学中的意义；"温和派"认为在教学的过程中可以做到双管齐下，两不耽误；"激进派"认为发展能力才是教学中的重要任务。但是这些人的观点也有一致之处：第一，在教学中知识很重要，自学能力也很重要；第二，知识和能力是密不可分的，能力是学习的基本条件。鉴于这两点认知，教育家们在钻研教学模式的时候一直把学生的发展能力放在重要的位置上。随着社会教育的发展、生活水平的提高，学生的能力逐渐被人发现，在未来的教学模式中，能力将备受重视。

（三）心理学的趋势

随着社会的进步，在教学中心理学的发展越发明显。从古代孔子、苏格拉底没有心理学色彩的教学模式，到近代的赫尔巴特和乌申斯基等人将教学理论和心理学相结合的模式，再到现代的布鲁纳和巴特勒模式，现代教育在某种程度上可以算是心理学的研究成果，离开了心理学的研究很有可能失去其本身的价值，甚至无法验证。现代心理学在能力结构发展、脑力记忆、心理暗示、潜能研究等方面都取得了优异的成绩，可惜的是研究成果并没有被社会很好地普及推广。教育者习惯于凭借经验去做事，更有甚者不信任心理学所获的成就。这时候教育者的教育模式就在心理学和实际应用之间发挥着很大的沟通作用。随着心理学研究的不断加深，心理学会越来越客观地阐述学习体系，从心理学的角度肯定会研究出更好的教学模式。四、教学模式的中介作用与研究意义

（一）教学模式的中介作用

教学模式能够针对学科的特点提出理论化的教学体系，让教师可以不再盲目摸索教学，连接理论与实践，这被称为教学模式的中介作用。它表现为源于实践，也是某种理论的简化形式。

①教学模式源于实践。教学模式的实践结果来源于针对某一项教学活动进行加工概括所得到的结果，为的是平衡某类教学涉及因素与它们之间的关系，这种平衡关系所包含的内在逻辑已经具备了表面意义。

②教学模式也是某种理论的简化形式。它可以让人们在大脑中构建一个具体的教学程序，通过简单的符号图示就可以实施程序反映出它所想表达的理论。教学模式是人们根据某种教学理论从抽象理论到具体实践的中间环节，是理论到实践的中介。

（二）教学模式的研究意义

教学模式的研究是针对教学研究方法论的一次重大进步。人们在教学研究的过程中习惯性地采用单一模式，重视对于各部分的研究，这也就忽视了各部分之间的关联。还因为忽视了实践的可实施性，导致只停留在了对于教学抽象的理解上。研究教学模式不仅可以促进教学设计的加强和教学过程的优化，还可以帮助人们去研究教学各因素间的关联，灵活地把握教学的本质和可循规律。

第二节　初中数学翻转课堂教学模式研究

一、翻转课堂的起源与发展

"翻转课堂"（Flipping Classroom）近年来成为全球教育界关注的热点，2011 年还被加拿大《环球邮报》评为"影响课堂教学的重大技术变革"。

（一）翻转课堂的起源

美国一所建立在山林地区的高中院校里面出现了两位非常有想法的教师，他们是乔纳森和萨姆斯，同时也是翻转课堂的创始人。2007 年因为各种因素导致很多学生对学习不感兴趣也很少去上课，所以他们根本掌握不了教学进度。想要将问题得以解决，教师们就通过相关的视频软件将教学内容制作成 PPT 进行演示，或者是录制音频，然后将录制好的讲解视频通过网络传送给学生，这样没有去上课的学生就能够在家里进行学习。这种方式后来开始发展成为学生在家里就能够提前学习到课堂上的内容，这样在上课的时候就可以腾出更多的时间来帮助在学习过程中出现问题或者有困难的学生。因此改变了传统的教学方式，以前是"教师在课堂讲课，下课布置家庭作业给学生"，而现在却是"学生提前在家学习教师的课堂内容，在上课的时候通过教师的指导来完成作业"。

教学模式改革之后，这种在线教学方式也被更多没有缺席课程的学生接受，并逐渐得到大面积传播。另外，还得到了家长以及社会的关注，众多同行邀请他们去参加聚会以传授教学经验，并且在附近地带产生巨大的影响力，有很多中学教师也使用这种新的教学模式，因此产生了"翻转课堂"这种新的教学模式。

（二）翻转课堂的发展

直到 2010 年的时候，"翻转课堂"才因自身的优势以及影响力获得了美国甚至全世界的认同和称赞，并且还和"可汗学院"之间产生联系。在 2007 年之后，"翻转课堂"发展到了美国的大部分地区，并有越来越多的地区给予关注和重视，但是还没有大面积地使用和实践，原因如下：虽然大部分的教师对这种方式都是比较认可的，但是想要真正地将新的教学方式开展下去，需要解决一些问题。而"可汗学院"在美国的大范围扩展，则使之前所产生的问题得到了很好的处理。

2004 年出现的"可汗学院"，是一名叫作萨尔曼·可汗的人开创的。其最初目的就是想要帮助学生，因此才会有了教学内容的录制，其将内容公布在了相关网站上，以帮助孩子更好地学习。之后，他还在教学内容上做了更改和添加，比如可以进行网络交流，这样也就能够让学习者更加方便地进行练习。2007 年其将教学视频结合互动软件进行运用，并且通过这种方式建立了新的教学网站。2009 年可汗将自己的全部心血都运用到了维护网站上面，同时也将这个特别的在线教育网站称为"可汗学院"。2010 年众多资金对可汗学院进行了投资，保证由他制作的教学视频以及其他学习资料都有着很好的质量（可汗学院进而研发出了"学习控制系统"——这种系统可以对学习数据进行汇总，不但可以让学生以及教师掌握自己的进度，而且教师还能更加方便地开展翻转课堂）。①

在"可汗学院"的帮助下，有更多好的教学资源免费让人使用，解决了"翻转课堂"实施过程中所遇到的问题，同时也能够让更多的教师去开展"翻转课堂"。"翻转课堂"对以前传统的上课认真听教师讲课，下课完成家庭作业的方式进行了改革和"翻转"——出现了"上课之前学习教师要讲的内容，在课堂上提出自己的问题并在教师的帮助下完成作业"的模式。

刚开始出现的翻转课堂从形式上来看还是比较单调的，只有一种方式，就是通过教学视频。但是，2011 年"MOOCs"的出现，让翻转课堂所体现出来的教学内容及方式发生了改变。

① 　　郭玲杰，熊昌雄，王慧明. 新课程背景下初中数学"引-探-用-评"教学模式 [J]. 内蒙古师范大学学报（教育科学版），2009, 22（2）：53-54.

"慕课"指的就是大面积推广和开放的网络课程,简称MOOCs。相比于之前的在线课程来讲,它更加注重"互动和反馈",还鼓励和推进建设出"在线学习社区"。在前所开放的网络课程中,大部分都是通过视频录像来讲教学内容,这样对于学生来讲并没有任何的主动性,学生和教师之间几乎没有任何的沟通机会,因此学生参与感不强。MOOCs 这种教学方式在原来的基础上加入了中间提问、测验以及谈论的环节,并且支持学习者通过 QQ 等工具对学习资料进行自主查询和浏览,这样能够增加教师和学生之间的交流和互动。另外,MOOCs 还激励学习者在进行慕课学习的时候(特别是写作业或者进行讨论交流的时候),建立"学习社区",这样能够让学习者自由选择自己感兴趣的主题内容,通过在各种各样的社交网站进行组队,来进行共同学习。随着人数的不断增多,学习社区也变得更加庞大,因此出现了大量的相关网站。

通过对教师和学生之间的互动以及建设"在线学习社区"这两种方式,能够让学习者在进行慕课学习的时候有一种参与其中并沉浸的感觉,同时这也是慕课相对于传统教学模式的优势所在。将"翻转课堂"和"慕课"结合起来,也就是说学生在家里预习学习资料的时候就可以运用 MOOCs 的方式),使得教学方式和内容都有了很大的变化。其实,单方面的讲解教学方式并不是翻转课堂所需求的方向,其更加重视学生的认知以及教师和学生的沟通互动,所以翻转课堂应称为"翻转学习"。

二、"翻转课堂"的基本理论

新课改理论是翻转课堂教学模式研究的重要指导理论,是研讨数字化教育资源环境下教学模式改革的指导思想。在初中数学翻转课堂的设计模式与应用效果研究中,下列这些理念受到重视。首先数字化教育资源主要是对教学方式以及学习方式进行改善，要结合现实生活去考虑问题，展示学生自身所具备的特性，将设计思想展示出来，并且要在内容的设计上体现出知识点、过程、价值观以及方式等。同时也要把课程结构具备的选择性以及不间断性展现出来，在教育方式方面，从以前的单一性变成引导性，同时应培养学生的合作精神，使其掌握基本的生存、做人等技能，实现全面发展。

研讨"多媒体辅助教学下的翻转课堂教学模式"要建立在现代学与教的理论基础上，如元认知理论、人本理论、多元智力理论、发现学习理论、建构主义理论、学习条件理论、先行组织者理论、掌握学习理论、暗示教学理论、信息加工理论等。还有许多先进的教学方法与教学模式，这些方法与理论，从不同角度出发，对教学过程的产生的教与学进行解释，要用这些先进的教与学的理论来指导数字化教育资源开发与应用的研究工作。

"掌握学习"的主要指导思想就是要让每一个学生都能够学好，在集体教学的条件下，再结合反馈结果，帮助学生解决各类问题，同时也解决学生的课余时间问题，这样就能够保证大部分的学生能实现教师所制定的教学目标以及学习目标。

三、翻转课堂的特点

翻转课堂属于教学领域中被经常使用的一种方式。这种方式能够让学生和教师有更多的时间去进行沟通和互动，并且给学生营造出了一种主动的、负责任的学习氛围，这种课堂模式将构建学习和讲解进行结合，并且可以让课堂内容和信息得到有效保存，方便了学生进行复习和学习。这种课堂模式能够让学生在学习中更加积极主动，还可以充分发挥他们的个性。

（1）教学视频简单精炼。大部分教学视频都比较短，几分钟就足够了，最长的也不过十几分钟。这些录制的学习视频都是针对的问题进行讲解的，针对性很强，多查找方便。学生的注意力一般都有一个相对的时间范围，要尽量地将视频时间控制在这个时间段之内这样才能取得良好效果。可以将视频发布到网络上以便学生进行浏览，添加暂停和回放功能，这样能够促使学生进行自主学习。

（2）教学信息目标明确。萨尔曼·可汗制作的教学视频比较明显的特征就是，他都会在他自己录制的教学视频里，通过手写展示一些数学符号，慢慢地就会发现这些符号已经占据了整个屏幕，另外还在书写的时候搭配上画外音。这一点也能展现"翻转课堂"和传统教学之间的差异。也正是由于教学视频里面所展现出来的物品以及教师的形象能够吸引学生，尤其是学生自学的时候特别容易被影响，所以翻转课堂的教学视频必须清晰明确、主题突出、简单明了。

（3）学习流程的重建。一般来讲，整个学习过程都是按照以下两个步骤来完成的。首先就是"信息传递"。实现这一步骤就要根据学生和教师之间的交流互动完成。其次就是"吸收内化"。这一步骤需要学生自己实现，因为在这一阶段没有足够的教师指导以及同学的帮助，所以可能会让学生感到挫败，也因此对学习丧失动力和兴趣。而"翻转课堂"的出现帮助学生重新构建起了学习过程。在上课之前都是让学生实现"信息传递"，教师的作用就是给学生提供视频讲解以及在线指导。"吸收内化"这一阶段需要通过课堂互动去实现，能够帮助教师提前掌握学生的问题所在，这样才能够在上课的时候及时给学生提供帮助。

（4）复习检测更加简单迅速。在视频教学结束后给学生布置几个问题，能够检查学生的学习情况，让学生了解自己的学习状况。学生若是有问题无法进行解答，还能够重看教学视频，然后根据视频里的内容思考自己的问题所在。还可以对学生的答题情况进行统计，教师利用平台来更好地掌握学生的进度和学习情况。另外，教学视频还有利于学生后期进行复习。

四、国内外的翻转课堂

（一）美国"翻转课堂"的特点与作用

1.美国"翻转课堂"的特点

美国"翻转课堂"教学模式的特点具体如下：

（1）整理制作视频。首先，应确定视频需达到的目的，以及视频最终应体现出来的可视材料；其次，整理制作视频时，应考虑教师和学生的个体差异；最后，应多从应学生的角度出发，针对学生的学习方法和习惯行为进行视频制作。

（2）开展课堂活动。将视频可视材料在课程外转授给学生后，课堂内就更需要开展高效的课堂活动，从而让学生针对不同场景、环境对其所学内容加以运用。课堂活动包括学生寻找确定项目的具体问题、自己解决问题、探索性活动、针对该项目的学习。

2.美国"翻转课堂"的作用

（1）"翻转"让学生成为学习的主人。翻转课堂开始后，利用视频材料，学生能针对自身具体情况灵活地组织和掌控自己的学习活动。学生可在轻松的环境中观看视频材料。观看视频材料节奏可快可慢，具体由学生自己做主，可以进行深入思考或做记录，甚至依靠软件远程聊天，得到教师和同学的帮助。

（2）"翻转"使得教师和学生在学习中可以互动。翻转课堂最大的优点就是增加了教师和学生的课堂互动机会，互动可在教师和学生之间，也可在学生与学生之间。教师已经从呈现视频内容的角色转变为指导学习的角色，这使得教师有更多机会与学生交流，为学生答疑，成为学习小组一员，对个别学生进行专门指导。当学生提交作业时，教师会汇总学生的共同问题，组织辅导小组，开展小型专门讲座。小型讲座的特色是学生可以随时提出问题，教师给予指导解答。当教师转变为指导学习的角色时，注意力不在于呈现视频内容，而在于更多地观察学生之间的活动。视频教室巡视中，更多地依赖于学生成立的学习协作小组，其互相帮助，互相吸收对方的教训和借鉴经验，而不仅仅依靠教师教学相授。当学生发现这种学习方式教师认可后，他们就会意识到，在他们学习中教师指导已代替指令。教学最终是让学生自己成为优秀的学习者，汲取课程的内容精华。

（二）"翻转课堂"在国内的体现

翻转课堂的概念进入我国之后，引起了中小学的关注与实验。"翻转课堂"教学模式主要体现在以下六个方面。

（1）转变四个方面和关注四个方面重点。转变四个方面：从"重视传授学问"向"重视学生成长"转变，从"怎样传授教材"向"怎样用教材传授"转变，从重视"教会"向注重"学习"转变，从"教学传统方式"向"教学新模式"转变。关注重点四个方面：关注如何学习，关注学生如何培养灵活的思维，关注学生如何养成自觉主动学习意识，关注学生如何具备精诚合作的素质。

（2）教师少灌输，学生多自学，教学相长，实现共赢。学生的学习能力比聆听教师的教课更重要，将传统课堂40分钟课缩减为15分钟，教师少而精地教学，减少教学平均教授的时间，增加学生的自主学习时间。教学相长是指师生互相合作促进、学生间互相合作。"共赢"包括教师的职业进步和学生的健康成长。学生上课前已经学习了相应课程,在课堂完成作业,对于疑难点则通过小组互助的方法来解决,如不能则寻求全班帮助,还是不行则由教师出面。在学生自己或互相帮助学习时,教师观察巡视,做必要的个别提示。翻转课堂让全员都积极参与,让学生主动思考,教师学生之间和学生之间保持高频互动和有个性的接触。

(3)课下学习和课堂上练习。翻转课堂改革传统的学习方法,变"课堂上学习+课下练习"为课堂上练习+课下学习"。视频可视材料被教师提前一星期制作并上传到学校服务器,视频可视材料依靠平板电脑等在自习或业余时间被学生从服务器上下载下来并仔细学习,在课堂上学生与教师和他人进行直接的交流、研讨和练习。

(4)教师的讲解重复次数减少。正常的学校班级授课只能关注中等水平的学生,无暇顾及水平较高和较低的学生。利用科技克服班级教学的短板,实现一对一的教学,可以促使教学作用最大化。学生观看时,对于视频材料不懂之处可以重复播放,并且可以任意暂停,便于同步做笔记和分析问题,反过来可以减少教师的讲解重复次数。学生如果请假缺课,也可及时补上。视频材料存于电脑内,复习时,学生如发现缺漏,只需点击观看相关视频即可。

(5)针对不同层次学生掌握情况。教师在准备视频材料时已经将一定数量的练习题存于服务器中,学生在课前自主学习视频材料后即可在线完成相关题目,平台会立即给出答案评判。学生根据对错情况决定是否反复学习该课程。经过附带的统计软件,教师在服务器登录平台后即可及时了解各学生对各课程的掌握情况，同时了解全班学习的整体情况，这有助于教师调整学习进度、讲解难度，还可针对个别生制定相应辅导措施。

五、初中数学"多媒体辅助下的翻转课堂"的基本流程

第一环节：课前准备。

第1步：学生进行前期微课学习，软件平台反馈给教师。

第2步：教师收集学生的学习情况，形成两三个主导性问题，根据这些问题进行教学设计。

主导性问题的设置说明：若学生集中性问题较多，则可以采取"聚类"的方式进行设置；若学生提出的集中性问题较少，则可以结合本节课的重难点进行分类设置。

第二环节：课上交流。

第1步：由教师主导，进行学习收获交流。

收获交流的要求说明：对学生的收获进行整理，制成课件，引导学生快速浏览回顾，时间控制在2分钟以内。

第2步：针对学生的收获和问题，进行前期诊断性检测，结合信息化设备进行即时性的数据统计；根据数据统计情况，真实了解进入课堂的学生的实际情况，教师可以据此及时调整教学的侧重点和时间安排。

前期诊断性问题的要求说明：①题目数量要少，一般控制在4～6道，要控制完成的时间；②题目以填空题、选择题为主，便于及时统计；③题目的设计要结合本节课的重难点，兼顾学生提出的收获和问题，以便通过检测了解学生对重难点的掌握，了解学生对自己认知能力的认识程度，时间控制在5分钟以内。

第3步：结合课前设计的主导性问题推动进程，借助互动生成法、内在建构教学法进行教学。

互动生成法、内在建构法的具体要求说明：①教学过程中可以与小组合作教学、多元化评价等教学手段相结合；②教师在教学过程中要进入学生的讨论当中，注重对有效教学资源的捕捉，采用语言点拨或者生成性资源的深加工方式引导学生获取对问题的深层认识；③教学过程中，要及时结合前期诊断性检测的结果进行强化或弱化、添加或删除某些主导性问题，本环节为课堂教学的重点，时间控制在 25 分钟之内。

第 4 步：结合本节课的教学内容，设置拓展延伸或者知识总结环节，对知识的学习进行拓展和系统总结，提升学生的学习能力，时间控制在 8 分钟以内。

第 5 步：针对本节课的主导性问题，设置收获性检测，要求与前期诊断性检测题目相类似，时间控制在 8 分钟以内。

第三环节：课后工作。

第一步：根据信息化设备进行收获性检测的数据统计，据统计结果，了解课堂学习后学生的实际情况。

第二步：针对学生实际情况，指导掌握较好的学生回家进行后续的微课学习；对于掌握不理想的学生，利用在校时间指导学生如何结合微课进行学习，并完成备用收获性检测。

六、初中教学"多媒体辅助下的翻转课堂"的基本策略

（一）明确师生关系

在多媒体辅助教学下的翻转课堂教学模式中，教师处于教学过程的主导地位。微课的设计与制作，主导性问题的设计，前期诊断性测试的设置，主导性问题的讨论、具体实施，以及引申的灵活掌控，当堂收获性检测设置等，这一系列的活动无不体现出

教师在这种教学模式下的主导地位。同时，这也对教师提出了更高的要求。微课制作可以与动手操作、PPT 展示、几何画板演示、flash 展示、网上视屏展示、录课笔、手机、视频录制设备和编辑软件等当前各种多媒体辅助教学手段结合起来，这需要教师广泛学习各种教学辅助手段。主导性问题设计、前期诊断性测试设置、收获性测试设置需要教师深入挖掘教材，同时对任教学生有较全面的认识；主导性问题的推进实施则需要教师有深厚的教学功底、有良好的沟通和应变能力。①

多媒体辅助教学下的翻转课堂教学模式中，学生处于教学过程的主体地位。学生是微课学习的主体，学习收获和问题提出的主体，主导性问题设计和推进落实的主体，诊断性检测和收获性检测设计和实施针对的主体。学生的知识需求是课堂教学的内容所在，学生的合作互动、生成建构是课堂教学的推进器，学生的诊断性检测和收获性检测的成绩是课堂教学效率的指标。因此，这种教学模式培养了学生的自觉学习能力、自我认知能力、合作学习能力和知识归纳建构能力。

（二）微课制作与主导性问题设置

多媒体辅助下的翻转课堂对于课前学生自学用的微课质量和课上推进教学的主导性问题的合理性都提出了高的要求。这两个元素是这种教学模式实施的基础和纲目，是这种教学模式区别与传统教学的根本所在，是将学生的个性教学与班级授课的集体教学相结合的关键纽带，体现了这种教学模式是为学生提供班级授课制形式下的个性化教育，是真正服务于学生的教学模式。

多媒体辅助教学下的翻转课堂教学模式中的微课，除了传统

① 　　杨丽恒，原文志，马建宏 . 基于认知负荷理论的数学"翻转课堂"教学模式探究 [J]. 教学与管理（理论版），2015，（7）：102-104.

要求的"短、小、精、悍",更要求具备亲和力和互动性,要让学生感受到接受的是教师的教学而不是机器的教学,同时尽量添加互动环节,使学生易于形成收获和感受问题,为课上的教学提供有效的支撑资源。

多媒体辅助教学下的翻转课堂教学模式中的主导性问题,一定要分清主次。教材中的重难点知识与学生自学过程中产生群体性问题的重叠内容是课上要解决的主导性问题。对于教材中的重点和难点知识而学生自学过程中没有产生群体性问题,要通过前期诊断性检测检验学生掌握的真实情况。如果学生自我认知能力强,确实不存在全班性问题,则可以在教学讨论过程中帮助个别存在困难的学生;如果学生自我认知能力弱,实际检测结果存在群体性问题,则可以及时向学生展示统计数据,添加或更换主导性问题,确保教学内容得到真正落实,同时对学生的自学能力和自我认知能力方面要有意识地进行培养。

第三节 初中数学"互动生成,内在建构"的教学模式

传统意义下的初中数学,是学生和教师公认的最为枯燥的学习科目,经常处于"教师问,学生答;教师讲,学生听;教师写,学生记;教师展示例题,学生苦背流程;教师发下练习,学生重演流程"的"教""授"状态,课堂表面上是以教师为主导、学生为主体,但实际上学生痛苦且易走神,教师辛苦且易发怒。这种教学模式既不利于素质教育、创新教育的实施,也不能适应当

前教育改革的发展趋向。

随着新课程改革的不断深入，不少学校、教师都开始进行数学课堂教学模式的改革与探索，也涌现出一批有特色和生命力的新的数学课堂教学模式，即"互动生成、内在建构"教学模式。

一、"互动生成、内在建构"教学模式的理念

《数学课程标准》指出："数学是人类文化的重要组成部分，数学素养是现代社会每一个公民应该具备的基本素养。作为促进学生全面发展教育的重要组成部分，数学教育既要使学生掌握现代生活和学习中所需要的数学知识与技能，更要发挥数学在培养人的理性思维和创新能力方面的不可替代的作用"。其强调了数学教学要实现培养学生理性思维和创新能力的育人目标。

《数学课程标准》在课程基础理念部分指出，义务教育阶段的数学课程，课程内容要紧贴实际，既要满足不断变化的市场需要，又要符合数学自身的特点，学生学习的规律；既要体现出学习成果，又要让学生参与到学习讨论中，培养学生的数学思维；课程内容要具有针对性，要符合实际的需要，调动学生学习的积极性，便于学生理解、探索和思考；对于课程内容，教师要将教学过程放在重要位置，既抓好教学成果，又抓好学习过程，进行教育教学工作。同时，注重课程内容的多样性和层次性。这里明确指出教师可以依据课程标准要求，结合教材、学情，灵活地调整、重组、设计教学内容，从而更为有效地实现课程标准要求实现的育人目标。

《数学课程标准》还指出："教学活动是师生积极参与、交往互动、共同发展的过程。教师教学应该以学生的认知发展水平和已有的经验为基础，注重启发式和因材施教，处理好讲授与学

生自主学习的关系，引导学生独立思考、主动探索、合作交流，使学生理解和掌握基本的数学知识与技能、数学思想和方法，获得基本的数学活动经验。"这说明教学活动是教学的载体，互动合作是教学手段，学生获取知识、能力、思想、方法和活动经验是教学的目的。

建构主义学习理论认为某一社会发展阶段的科学知识固然包含真理，但是并不意味着终极答案，随着社会的发展，肯定还会有更真实的解释。教学不能把知识作为预先决定了的东西教给学生，只能由他自己来建构完成，以他们自己的经验来验证知识的合理性，对新知识进行分析、检验和批判，其中指出知识传授只有以学生的自主建构予以落实，才能在以知识传授为载体的教学过程中真正培养学生的能力，使旧有知识的拓展与创新不断延续开来。

二、"互动生成、内在建构"教学模式的基本流程

"互动生成、内在建构"教学模式的基本流程是"主动性问题—交往互动—内在建构—生成发展"。这种教学模式特别关注教学中的主动性问题的合理下放与处理、教学资源的适时回收与加工，通过若干个精心设计的收放过程自然延展学生的知识、方法结构，拓展学生的思维空间，逐步培养学生理性思维和整体驾驭数学知识的能力，其教学模式的逻辑流程图如图 2-1 所示①。

图 2-1 "互动生成、内在建构"教学模式逻辑流程图

---

① 李延亮，张全友，杨瀚书等.初中数学课程与教学的实践研究 [M].青岛：中国海洋大学出版社，2015.

三、"互动生成、内在建构"教学模式的策略

"互动生成、内在建构"教学模式有以下基本策略：

（一）互动的分组分层

教师要结合学生性格特征、学习成绩、性别等多方面因素，以小组为单位划分学生，通常每班分成4大组，然后再分为10～12小组，一组3或4名学生，安排座次。要充分考虑到学生的个体差异性，在分组时，要平衡各小组实力，确保小组内成员的和谐。为保证分组认同性、合理性，一般在某一学段测试基础上进行分组；分组后根据学生学科成绩状况，每小组设一学科小组长，每一大组设一学科负责人，并根据学生学科成绩确定A、B、C、D四个学习层次的人员。

（二）主动性问题设计

问题如果简单、细碎，学生通常不需要进行深入思考就能作出正确答案，这样就会频繁产生教师和学生的重复互动，产生"小步子慢慢走"的教学现象，无效劳动多，课堂效率低。因此，细碎的教学设计一定会造成封闭、死板的教学，揭示了教师利用制定学习方案，按部就班的让学生机械性的学习知识的现象。与之相对的是"主动性问题"，它是调动学生主观意识，激发学生渴望学习的态度，从而培养学生进行深度学习，养成良好的学习习惯。"主动性问题"设计要关注学生基础性状态。教师对学生潜在状态和发展需要的解读越是清晰，问题设计的"整合"程度对于学生来说就越具有切入性，越能够发现和捕捉不同学生解决问题过程中不同的思维状态，从而生成有效的教学资源。

"主动性问题"设计，要充分考虑学生在学习中表现的状态，获取知识的途径，比如通过选择、发现、重组等方式。教师

要进行综合性评价，让学生的潜力充分发挥出来，教师评价越准确，取得的效果越好，越有利于建立师生、生生良好的互动关系，帮助学生塑造认知结构，并且提升思维水平。

"主动性问题"，具有一定的复杂性，因此在教学方面有难度，如何掌握学生的学习能力，让学有效利用学过的知识处理问题，需要一定的思考和时间。这是给教师教学的新课题，首先要给予学生一定的时间去独立思考和解决问题。其次，要给予学生充分的尊重，相信他们的能力。"主动性问题"可以是概念讲解课型中大量学习素材的分类问题，可以是运算法则讲解课型中运算类型的分解问题，也可以是性质、判定探究课型中结合图形定义提出的全面猜想的问题，等等。

（三）互动生成的落实

实施此教学模式的关键在于实施教学过程中是否做好"互动""生成"，即是否真正做好、做透"放"与"收"这两个环节。所谓"放"，就是把数学问题"放下去"，使每个学生都可以进入需要解决问题的过程中；所谓"收"，就是把学生解决问题的不同状态和生成的相关信息"收上来"，进行有效的整理、归纳，自然形成新的知识结构。一次"放"和"收"的过程组成一个完整的教学环节。此处"放"并非是放弃"变式练习"、"基本练习"，而是要将数学知识的过程融入"研究"之中。因此，教师需要具备"收、放"的思维，还要具备"将数学问题融入知识的形成之中"的能力。所谓"放"，首先就是实行放权，将课堂的主动权交给学生，让学生自己处理问题，可以独立思考，也可以团队合作，不再是教师单方面地传授解题思路，这样可以确保每一名学生都参与到解决问题中来。其次，放弃代替思维，让教学工作由个别优等生，面向全部学生，将班级的学习气氛调动起来，让学生之间的交流沟通多起来，这样有利于加强学习知识的传播，使得信息流通于每个学生之间，不存在阻塞现象。最后，放弃教学普遍性，让教学工作更有具针对性，有利于细致地解读学生的内心，让教学工作更贴合学生的意愿，从而提高学生的积极性。由上述可知，重心下移，必然是实现教学工作向多元化、向学生真实参与互动的方向变革。

对于"收"而言，是指及时地进行教学信息收集，主要针对学生处理问题时产生的相关信息进行回收，形成教师与学生的互动资源，也可以成为学生之间的互动资源，使教学工作能够结合这些资源，在其基础上更好地利用。"收"可以解决教学的盲点，让教师从只抓教学成果，转变为重视学生对问题的处理中来，要帮助他们解决遇到的问题，从错误解读中纠正过来，从而将学生的价值发挥出来，而不是作为一种教学资源，将教学作为走过场。只有将学生的解题过程、互动交流作为教学的重要指标，才能真正促使教师将关注点转移到学生思维运用中来，将培养和提升学生的思维能力作为教学重点，从而唤醒学生的学习积极性，促使学生的思维能力不断得到提升，从而更好地解决问题。

对于教学形式而言，通常分为两个层次。第一，收集学生个体差异性的相关信息，即每个学生的思维能力，对于处理问题时的反应与表现，将这些信息收集上来，并且采用小组形式，开展讨论，让学生进行互动。第二，在此基础上，进行全班的交流，从而形成师生互动。

对于教学内容而言，通常是采取以下几个层次实现的。首先，教师要细致地对教学内容进行深入剖析，正确地引导学生进行问题的讨论，促使学生沿着正确的方向解决问题，让学生选择最佳的解题方案，让学生产生成就感和获得感，调动学生的积极性。其次，学生处理问题时，要适当地进行引导，促使他们构建的解题框架，寻找规律，形成解题思路。最后，让学生多交流、多沟通，这样才能在不同的思想交流中，对问题产生更深刻的认识，在对比中寻求最佳的解题方案，这种信心的高频率传递，对于传统教学而言，是很难达到的。因此，对于放和收，其本质都是让学生进行互动，二者相辅相成，缺一不可。

（四）预案设计

实施"互动生成，内在构建"此教学模式的前提在于教师精心设计预案，提出难度适宜、前后衔接的整合性问题，从而形成班级教学共鸣；要为学生生成合理、有效的教学资源留有足够的空间与时间，从而引领学生自主建构、自我内化。因此，教师要为实施互动生成、内在建构性教学去充分预设，精心设计灵活的预案。教学的过程，要结合多种因素来共同完成，不仅是教师对课程的把握和理解，还需要学生的参与和互动，从而共同推进教学工作的完成。教师从课程的研究、进度的安排，再到实际的教学工作，是一个动态的过程，而不是按部就班的计划。正因如此，教师要尊重学生的主体地位，教师和学生之间的位置进行互换。教师起到辅助作用，是呈现知识的引路人和组织者，教师的主要任务就是为学生搭建一个互动的平台，让学生参与其中，培养他们的思维能力、合作交流能力，让学生转变为生成性资源，让他们学习知识，这依赖于自我内化和自主建构。对于此，教师要进行充分的前期教学工作，了解学生的个体差异性，结合每个学生的特点，对他们进行合理的分组，然后有针对性地布置教学任务，其要难度适宜，灵活多样，这样才能让课堂真正成为学生的主战场，从学生真正建构相关的知识体系。

四、典型的课型教学

教学模式的生命力源于它适用的教学类型范围的宽广。本文对概念类、运算法则类、性质判定探究类等课型都进行较为深入的研究和实践，并对部分课型教学模式的使用进行了细化。

（一）概念类课型

概念教学需要给学生提供大量的与概念相关的学习材料并进行梳理，发现其中的不同点或者相同点。对于不同点，采用分类概念教学的模式，即将不同点作为标准进行逐级分类，将所要学习的概念最为本质的特征逐层分类凸显，再对这些本质特征进行归纳、概括、命名，最后形成概念。对于相同点，可以采用聚类概念教学模式，即将共同点作为聚焦的焦点，从特殊到一般逐级下延探究范围，将所要学习的概念最为本质的特征逐层聚焦凸显，再对这些本质特征进行归纳、概括、命名，最后形成概念。分类与聚类教学是相对的而不是绝对的，部分概念教学是可以采用分类与聚类相结合的方式进行的。

（二）运算法则类课型

运算法则课型包括基础运算法则的教学模式（如有理数的加法、整式的加法等）和基于基础运算基础上的运算法则的教学模式（如有理数的乘方、二元一次方程组的解法等），两种教学模式都需要引导学生整体进入。分析梳理该种运算包括的不同类型。对于易于掌握的运算类型，由学生自行归纳概括出初步的运算法则，进而引导学生将精力与时间聚焦于需要探究的新的运算法则上。一方面使学生对所要学习的未知知识有探究的抓手、思维的依托点，以及归纳概括的参照语句；另一方面使学生感受到未知知识的产生是在已知知识的基础上经过延伸或创新得到的，减轻其学习心理压力，同时能够降低知识结构拓建难度，易于自主、自觉地进行知识的新建构。两种教学模式的不同之处在于，对于基础运算法则的学习，学生需要借助大量的学习素材，在探究中采用归纳（或不完全归纳）的思想方法获取法则；对于基于基础运算基础上的运算法则的学习，学生需要借助大量的学习素材，在探究中采用转化的思想方法获取法则。

（三）性质探究类课型

对于数与代数、几何与图形领域，性质探究类课型的授课模式的区别是比较大的，将它们分为两类分别介绍。

1. 代数中的性质探究类课型

代数中的性质探究类课型，包括式、方程、不等式的性质探究和函数的性质探究两种教学模式。对于式、方程、不等式的性质探究课型，可以结合学生已有的数学知识与活动经验，形成学生达成共识的猜想，将达成共识的猜想进行拆解分类。学生通过已有的学习知识能够解决的猜想，引导学生合作交流、验证猜想、形成结论；对学生通过已有知识无法解决的猜想，引导学生借助大量的实例素材进行探究，通过归纳的方法将共识形成新结论，整合结论形成新的性质。

2. 函数图象性质探究类课型

函数图像性质的探究就是研究函数关系式中相关系数和常数的不同取值，对函数图象带来的不同变化，是对数与形、形与数相互关联的探究，所以需要对相关系数和常数进行对立的依次探究。"互动生成、内在建构"教学模式下的总体思路是，首先结合函数关系式中系数与常数的取值范围进行研究，对符合函数定义要求的各种函数关系式的形式进行整体分类，将分类得到的不同函数形式从含单一参数的关系式入手，由简到繁，最后探究函数一般式的图象性质。例如，对二次函数图象形式的探究，先将二次函数分类为 $y = ax^2$、$y = ax^2 + bx$、$y = ax^2 + c$、$y = ax^2 + bx + c(a \neq 0)$ 四种形式，先从最简单的；$y = ax^2(a \neq 0)$ 入手探究，理清系数 a 与函数图象之间的关联，再依次对 $y = ax^2 + bx$，$y = ax^2 + c$（ 均不为 0）进行探究，最后对 $y = ax^2 + bx + c(a \neq 0)$ 进行总结性的研究。

首先结合系数（或常数）的不同取值，引导学生分类做出各种典型情况的函数图象，使学生亲历感受取值不同所带来的函数图象的变化。然后，借助几何画板、PPT 等软件进行展示，引导学生结合充分多的图象信息，分类归纳观察到的图象的共性特征并进行文字描述。最后，整合分类得到的文字结论，形成此种函数关系式的图象性质。

对于函数的图象性质，引导学生从形状、位置、增减性、渐进性、对称性等方面有目的地进行观察和归纳，对函数性质的总结一定要与图象结合起来，尽量采用表格的形式，有条理地引导学生进行知识建构。对于 $y = ax^2 + bx$（$a \neq 0$）的图象性质探究，可以引导学生先按照常规方法探究，在无法顺利得到结论的时候，引导学生利用配方法，将其转化为已经学习过的 $y = ax^2(a \neq 0)$ 形式，进行图象性质的探究。

3. 几何与图形性质探究类课型

图形的性质和判定的探究，通常采用如下的教学步骤。第一步：引导学生结合定义、图形和已有的图形知识，对图形性质

（判定）展开全面的猜想，可以从位置关系和数量关系两方面入手。第二步：整合学生的各类猜想，形成班级探究资源，引导学生用表格形式规范地写出猜想，从而明确"已知"和"猜想结论"之间的逻辑关系。第三步：从"已知"到"猜想结论"，采用"归纳"或者"演绎"的方法进行证明，将方法明确填写到表格中。第四步：结合证明结论，归纳性质，并用规范的文字和语言进行表述。第五步：整理表格，回顾总结图形的全部性质。

五、教学模式实施过程中的要点

（一）适当合理地调整、整合教学内容

教师在实际实施"互动生成、内在建构"模式时，特别关注学生知识结构的合理拓展，关注学生在已有知识体系上的自觉主动创新，延展出新的知识体系，所以以对新旧知识结构、知识体系的关联性要求比较高。只有知识结构之间有着较强的关联，才易于开发设计出适合学生互动生成新资源的大问题，才能在学生生成资源的基础上引导学生在新资源的学习探究中自觉主动地拓展知识结构、建立新的知识体系。所以，在实施教学模式的过程中一定要完成从"教教材"向"用教材"的转变，注重教材为我所用和为学生所用，根据建模教学的结构需要，适当打破、重组章节内容。

例如，在七年级下第二章相交线和平行线的教学过程中，可以进行如下的重组设计。

第一环节。重点介绍在一个平面中，两条直线有相交与平行两种状态，由此引出在直线相交时的公元素——交点，围绕这个知识点，进行学习探讨，让学生自主进行猜想，比如从数量关系、位置关系以及分析构成等方面，寻求解题思路。然后在此基础上，进一步拓展知识点，比如特殊交角 90° 的形态构成，还有位置关系等，让学生以小组的方式进行讨论。

第二环节。就问题本身而言，对于两条直线呈现出的平行状态，能够产生的因素，让学生展开讨论和猜想，并且提出第三条截线，与前面的两条直线能够产生何种关系，给予学生讨论的时间，学生会围绕交点处的形态、夹角的大小和关系等进行分析，从而形成答案。教师根据学生的作答情况，引出教学内容，如内错角、同位角、同旁内角的定义以及关系、理论等，为下一步教学作铺垫。

第三环节。教师提出问题，对于第三条直线所引发的状态，与之前平行的两条直线产生的夹角会出现几种类型的关系，比如内错角、同位角和同旁内角等。让学生利用发散性思维去解题，并且以小组讨论的形式，给出最终的结果。要在此基础上，锻炼学生的验证能力、归纳能力，最终确定结论。

第四环节。提出问题，让学生处理由第三条直线，将平行状态下的两条直线进行交叉后出现何种特殊关系的角。提高他们的积极性和参与性，让他们利用几何画板、量角器自主进行测量，通过这种方式来验证他们的猜想，以便于学生形成结论，从而培养他们的解题思路，这不仅能够强化学生的记忆，而且有利于提升学生的数学思维能力。

利用这样的授课，通过重组教材，还有细微改动的方式，让学生由易到难，一步步去处理新的问题，层层推进教学内容，学生在不断的探索之下，反复印证所学知识，运用思维能力去猜想，并且验证结论。与此同时，还锻炼了学生的表述和归纳能力。对于学生新探索出的结论，必然要依托于过去所学的知识积累，使学生从自我知识体系中，寻找解决问题的方法。因此构建知识体系和建模思想，要成为教学一以贯之的内容，教师要让学生充分发挥主观能动性，让他们参与学习、敢于尝试、敢于探索、敢于提出质疑，这样才有利于提高他们的学习能力、分析能力。

（二）处理好课前预设与教学生成的关系

课堂教学是预设和生成的结合。"互动生成、内在建构"教学模式是依靠课堂教学动态的生成教学资源，师生互动进行资源整合，生生、师生合作，互动猜想验证和小组合作互动归纳总结新的知识结构。全过程渗透的就是"动"，因此对教师理解课标，把握教材，预案设计的要求很高，对教师驾驭课堂，灵活合理地利用课堂教学过程中生成的各种意料之外的教学资源的要求更高。作为一名有经验的数学教师，一方面要在预案完成的基础上，尽可能预设各种资源生成及处理加工的对策；另一方面在教学过程中，要正确区分有效教学资源和无效教学资源，对有效教学资源绝不能视而不见、听之任之，对无效教学资源不可本末倒置、舍本求末。简单来说，能推进教学进程、拓展学生知识结构的资源是有效资源。对于无效的教学资源，不必占用宝贵的课上探究时间。例如在平行线的性质探究课中，若有学生出现测量角度错误，教师在巡视过程中进行单独辅导即可，不必进行全班的语言点拨或者过程性打断，指导全班测量角度。否则，会将学生注意力从思考角度之间的关系偏离到如何测量角度。但是，在学生探究后整合归纳文字语言和符号语言时，若有学生出现不规范现象，教师要及时收集学生的典型资源，通过实物投影进行全班观察思考并指正纠错，提升学生归纳概括的能力和语言的规范性。当然，如果测量角度的问题是全班性问题，就需要打断并进行全班指导。

第四节 初中数学"自主学习，以学定教"的教学模式

　　课堂教学改革，是新课程关键性的理念，要将改革落到实处，就需要突出学生在教育的主体地位，坚持新时代的教学观念，培养具有实践能力和创新精神的学生，让学生成为课堂活动的参与者和主导者，将改革落实到授课方式上。一、新课程改革背景

　　推进新课程改革，必然会对教育理念造成冲击，因此教育工作者要与时俱进，有创新精神，对自主学习、探究性教学进行钻研，转变学生学习方式和教学行为，改变课堂教学方式化。但是，在课堂教学中依然存在教师讲得过多，学生练得过少，教师的主导作用大，学生的主体作用小，教师的教法研究透彻，学法研究却很薄弱的现象。一方面长期养成的教学习惯一时难以改变，"以学生为主体"的意识仍有待进一步提高；另一方面，学生长期在传统教学方法的熏陶下，养成了被动学习的习惯。这样导致学生只会机械性的死记硬背，没有积极性的思考，缺少主动学习的观念，没有足够的自主学习能力，即便是学习刻苦，也难以取得理想效果。要改变这种学习现象，必须转变授课形式，在具体教学中，要坚持"以学定教、自主学习"的教育理念，引导学生进行自主学习，有利于他们进行自主预习，转变被动式的学习观念。

　　所谓以学定教，就是要根据学生的实际能力水平，确定教学手段、教学策略。学生的能力主要指学生的学习能力、知识储备情况、预习新课情况、学生认知水平等。而"定教"就是教师制定合理的教学，按照科学的方式，选择最合理的手段，激发学生的兴趣，开始教学。"以学定教"是以学生预习新课、学习能力作为基础，结合教学内容，确定教学难点和重点的方式，更加突出了学生的主体地位。若教师在课堂中能够做好"以学定教"，则能提高课堂效率，促进学生成才。

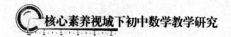

二、"自主学习，以学定教"概念的界定

（一）自主学习的概念

"自主学习"主要指学生在教师的科学指导下，通过能动的创造性的学习活动，以小组合作活动为载体对知识感知、理解和应用，实现自主性发展。它主要分为以下几个阶段：第一，自学阶段，学生自行学习，充分发挥自己的主观性和独立性；第二，交流阶段，以小组为单位进行合作，并将学习成果在课堂上展示，其它学生进行记录、倾听，最后进行评价；三是展示阶段，以小组为单位选出代表，在班内讲述学习思路、学习收获或感悟，其他小组成员可以发表评议，进行补充。这里，教师的科学指导是前提条件和主导，学生能动的创造性学习是教育教学活动的中心，是教育的基本方式和途径。

（二）以学定教的概念

"以学定教"就是通过学习情况确定教学方式，具体为通过学生的基础水平、内在需要及身心特征等确定教学策略、方法及起点，而定教则是对教学的起点加以确定，通过高超的教学艺术，帮助每个学生实现最优化发展。也可以这样说，"以学定教"是指教师不再单纯地根据先前备好的教案或教学设计进行课堂教学，而是在精心备课的前提下，根据学生自主学习（或教师指导下的自主学习）的行为结果与实际需求，来调整和确定每一环节的教学重点和教学策略；以生为本，注重学生学习习惯的养成，对学法指导与学习路径的总结，使学生最终学会自主学习，为其终身学习奠基。

将学生作为本体，这是"以学定教"所秉持的基本理念，在教学设计中，根据学生的学情及学生课堂反馈的信息对教学内容加以调整，并遵循"发展学生思维、提高学生的学习能力"的方向，确定学生自主及合作探究的教学思路。

"以教定教""以案定教""以学定教"的本质区别在于，"以学定教"将学生作为教学主体，而"以案定教"则是以教案作为主体，忽略了学生情感、生命的发展，"以教定教"则是以教师为主体，从自身角度传输知识，学生处于被动地位。后两者的教学效果就不言而喻了。

（三）"自主学习、以学定教"的课堂教学

"自主学习、以学定教"的课堂教学是建立在学生需要、对学生研究的基础上的。"以生为本"，把教学的出发点和着力点从教师如何"教"转变为学生如何"学"，培养学生自主学习能力，做到"以学定教"的课堂教学路径；最终在实践的基础上，构建"以学生之需为标，以知识之真为根，以能力之强为重"的"三为"教学思想，让学生能够得到真正的素质教育。

三、"以学定教"中"学"与"教"的关系

"以学定教"中"学"涵盖学生与学生学习这两个方面的基本规律及特征，而且需判定学生是被动地接受知识，还是主动学习，并对问题加以探究。学生时代，在个体化差异、发展方向及认知基础等方面变化较大，因此教师可从更多的研究成果中获取相关的理论，从而形成深层次认识。不同学生在不同学校有一定的差异，其中包括身体素质、兴趣发展、能力结构及基础知识等。所以，教师必须有针对性地研究具体且鲜活的学生，研究学生原有的学科基础，甚至全息的基础（包括情感基础、心理基础、非本学科的其他学科基础等），以及学生对于本节课所学知识的基础，即自主学习的情况。据此，教学设计应该也有相应的差异并加以机

智地调整确认，这是有效教学的出发点。

关于"教"，从现代教育的视角看不乏多层面的理念。教师从过去的教育主体性过渡至学生为主体的教育方式，教师从传授知识的角色变成引导者，组织学生对知识进行发现及管理，积极发挥其主动性。很多教师经过探索进一步认识了教学实践，比如将"以学定教"具体分为"以学评教""以学设教""以学施教"，并从学生的学习效果、学习时间、学习方式、学习兴趣、学习内容等层面对教学行为及思路进行确定。

有的教师提出，"以学定教"需对学生的发展给予一定指导，比如教师在布置作业后，应当及时给出批改意见，随时纠正问题。对于学生的动态，教师应从各方面观察其行为表现及变化，比如耐力、反应速度、兴趣、爱好等。通过对不同学生的特征进行观察，并给出合理的管理方式，帮助学生更好地学习知识，从而帮助学生找到学习趣味，成为爱学习的人。教师要做到一视同仁，实施平等的教学等。

"以学定教"简单来说就是教师要根据学生及学生的学习情况来确定教学方案。教师既要充分关注学生的"学"，又要重视教师的"教"，关注学生的"学"将带动教师的"教"，而教师的"教"就是为了学生更好地"学"，形成自主学习的能力，从而达到教学相长的目的，使学生真正成为一个合格的社会人。因此，"学"是"教"的基础和目的，"教"是"学"的关键和核心，"教"要为"学"服务，"教"是"学"的催化剂。这就要求教师具备更深厚的教学"内功"，抓住课堂上的亮点，并加以提炼、利用、升华，使师与生共振、"教"与"学"同辉。

教师遇到学生不注意听讲、不主动发言且提出的问题较为古怪时，应给予学生正面引导和回答，而非无视。一堂平静如水的课不如问题争辩的课堂，通过争辩式的讨论，可以充分激发学生的学习兴趣，增强他们的自信心。此外，通过教学评价，可以起到教学相长的效果。整个教学环节中最关键的一点是课堂教学，对教学质量的提高得益于上好课。教师应当甘做绿叶，通过"以学定教"的思想提高课堂效益。这种教学理念的养成远比教学思路是否清晰、情感是否投入、板书设计是否合理及言语表达是否流畅重要得多。

教师在教学过程中应当善用教材，从潜移默化中激发学生的积极主动性，并使其更好地参与到教学中，这样使得学生在掌握知识的同时，自己的能力也得到相应的提高。学生通过教师给予的自主学习及探究的机会，使得自己的学习能力得到提高。课堂教学应贯彻新课程理念。将学生作为发展中心，通过"学导结合、讲练结合"及坚持"教为主导、学为主体、以学定教、自主合作、探究领先、突出过程"的原则，注重师生交往，从而创建良好互动的师生、教学关系。对师生间、学生间的动态信息交流加以强调，从广泛的信息交流中实现师生互动、相互影响、相互补充，形成一个真正的"学习共同体"。

四、"以学"进行"定教"

在教学过程中，不同的人所教的分量、方法及内容不同，所以应当根据学情确定教学内容、教学方法、教学过程。

在实际教学实践中"以学"来"定教"主要从以下四个方面进行。

（一）合理确定教学起点，及时调整教学目标

合理确定教学起点，及时调整教学目标，这是"三环六字"课堂教学路径第一环节"师导：调与导"中解决的问题。在教学中，

教师在"教"之前做好学情调查，合理确定教学起点，及时调整教学目标是落实"以学定教"的前提条件，这是关键的问题，是"以学定教"的第一次"定教"。然而，这恰恰是教师在课堂教学中最容易忽视的问题，也是新旧教学观念、教学模式的最大区别。做好学情分析是开展教学工作的前提和基础，它能促进旧知向新知迁移。对于课堂教学，因为无法找准教学起点，导致教学效率低下这，是一种比较常见的教学现象。因此，教师需要做好充分的准备工作，要掌握学生自身的心理、年龄特点，还有学生对知识技能和生活经验的掌握程度，以及学生是否具备弄懂教学目标的能力，确定在教学内容中，哪些是需要学生自己学习，哪些是需要教师点拨的内容。根据学生的情感（如兴趣），以及课堂上的自主学习的检测（如做检测卷、提问、抢答等多种形式），灵活调整教学目标、重点、难点，进而调整后面的教学流程和顺序。①

教育教学工作，必须要将培养学生兴趣作为关键任务。因此，要对教学内容、授课方式、教学顺序做好充分的调研，根据学生的兴趣，实现真正的"以学定教"。

（二）合理确定点拨要点，及时调整教学流程

合理确定点拨要点，及时调整教学流程，这是"三环六字"课堂教学路径第二环节"生学：学与练"中解决的问题。教师要在学生合作学习的过程中，走下讲台走进学生中间，参与到学生的讨论之中，并及时地掌握点与面上的问题或其他有价值的教学信息，进而为下面的"教"做好准备。教学过程，需要提前进行设定，但是教学流程是一个动态的过程，它凝结着教育工作者的智慧，对于学习的重、难点的处理，包括：如何有效的培养学生

① 邓文虹，沙沙，顿继安．初中数学主题探究性学习模式的研究 [J]．数学通报，2012，51（8）：17-19，24．

听说能力，如何提高人文修养，如何培养逻辑思维能力，怎样提升孩子的审美素养，怎样凸显孩子的主体地位等。传统的教学流程是教师进行填鸭式的教学，丝毫不顾及学生是否感兴趣，从而导致学生被动接受，学习热情衰减，削弱了其学习能力。教师要从学情设计出发，创建"生师互动、生生互动"的教学形式，充分运用教师的教学技能，根据学情把握教学内容，以"以生为主"作为教学方式，激发学生的主动性，使其个性及才气得到张扬，得到思维拓展，语言文字及创新能力得到提升。

1. 对话式教学流程分析

师生对话体现的是平等交流，在合作中给予对方尊重，并进行知识的碰撞。从教师的角度来讲，起到引发的作用。而学生则是学习的主体，具有一定的话语权，应充分激发其创造潜能。这种对话分为研讨式及情景式两种形式。

研讨式对话指的是针对文中值得关注的主题展开对话，也可能是对是非现象加以探讨，或者对文本情境进行延伸探讨，目的是在对话中理解人文性、逻辑性，并从对话中明确价值观、学习规律及方法。而情境式对话则是以境展情，展现出文本之情，凸显出学生之情，在对话中习得语言。

教学流程是随着学情而定的，学生为主体，生与师交流轻松、自然，课堂上的学习氛围是和谐、灵动的，创造的思维火花不断闪现，各种体验在学生的心间流动。此时，要根据预设和学生的生成性问题而确定下一步的教学流程。学生的表达能力、理解能力、创新能力、思维能力在师生互动中，随着教学流程逐渐得到提升。

将学情作为基本依据，通过这种教学流程激发出学生在自主学习中的激情，然后在教师的引导下，展现出较强的课堂驾驭能力，从而更好地贯彻以学定教的理念。

以素质教育为出发点，对学习方式加以转变，将目标设定为培养学生的创新精神及实践能力。对学生的怀疑与批判意识加以培养，让学生保持质疑书本的精神，对学生的个性化、独特性表达给予赞赏。

2. 合作式教学流程分析

在课堂教学中，合作探究学习方式得到广泛应用，其中主要以学生为主体，由学生掌握时空的主动权，可实现自由支配，充分激发其学习积极性。由此可知，越是具有自由度的学习，学生越能专心。小组自主合作学习，主要有"三步"。第一步，独学，即学生根据教师提出的梯级性问题进行独立思考，与文本对话、学习。第二步，组学，即小组合作学习，就是小组的组员之间交流对话，将每个人独立思考的结果进行小组共享，合作解决其中的问题。第三步，班学，即在教师的组织下各小组进行交流对话，解决全班性的问题。具体表现如下：将其分为三层学生，其中每四个学生一个小组，一个小组中可包含思维学生。四位学生分别充当记录员、活动的参与者，也就是发言人、信息员，和组长，也就是小组学习的组织者。这样三层学生一同进行探讨、协调、合作及进步。每个小组可以进行民主讨论给每个人命名分工。一般流程是先由每个学生独立思考教师的问题，此时的教师一定要给予学生充分的思考时间。

在合作学习应用的过程中教师刚把问题提出来就直接"下令"小组讨论，则学生既没有自己的思考，也不知道应怎样进行合作，这样势必让大部分学生没有自己的思想，只能跟随着少数思维敏捷的学生。没有具体要求的合作不是真正意义上的"合作"。应该让学生独立思考之后再由小组交流商量，让每个学生都有机会发言，提出自己的建设性意见，调动学生的积极性，还有团队协作能力，分工明确。其它成员仔细做好记录，通过讨论的形式最终确定意见，如果出现无法解决的问题，就需要派一名代表，在班上交流，最后全班学生达成一致意见，甚至可以根据实际情况留有疑问、选择，让学生课下继续合作探讨，使得课上的知识探究、学习与合作可以延伸到课下。学生的表达能力、倾听能力、思维能力、写作能力、交际能力乃至道德品质，在群体的思维碰撞中得到了共振式的提升。学生才是课堂的主体，教师只起辅助作用，在他们遇到无法解决的困难时，进行点拨，引导他们朝着正确的方向努力。这样的学习环境，有利益增强学生的自信心，养成自主学习的好习惯。

（三）合理确定评价要点，及时调整教学策略

合理确定评价要点，及时调整教学策略，这针对的是"三环六字"课堂教学路径第二环节"生学：学与练"中的"练"。教师完成课堂的主要教学任务后，要了解"生学：学与练"环节中"练"的情况，如学生变式练习与拓展延伸的情况。教师要在学生"练"的过程中，进行巡视，批阅学生做的练习，及时收集学生"练"的实情，并根据这些情况确定下一环节"互评：评与测"中"评"的内容及要点，针对学生出现的问题，及时调整教学策略，补充强调上课过程中遗漏、易错的内容、方法、学路及规律。

（四）合理确定教学重点，及时调整作业内容

合理确定教学重点，及时调整作业内容，这是"三环六字"课堂教学路径第三环节"互评：评与测"中解决的问题，主要针对"测"。在这个过程中，除了师生共同评价总结本节课的收获，

包括学习态度、学习过程中的表现、学习到的知识及能力等，还要对学生进行当堂检测。这个"测"是闭卷检测，需要学生独立完成，教师及时巡视批阅，了解最终的学习成果，并反馈给学生。根据"评"与"测"的综合情况，确定本节课自学作业和补充巩固作业（巩固作业一般要求在"练"的环节基本完成），以及下一节课的教学目标，这也是下一课时的基础性"学情"。后面的课时便依次循环，良性发展，"以学定教"就可进入"堂室"，体现其辉煌的价值。

当然，上述分析都是"形而上"的理论分析，应该由"形而下"的实践证明。这些"以学定教"的具体情形，并不是每节课都需要进行，，要根据具体的课堂教学过程来确定实际的关注点、调整点，不可一概而论。这对教师的教学内功与教学机智有着极高的要求。

五、"以学定教"的主要策略

（一）做好学情分析，确定教学的出发点

为了确定教学的出发点，在教学设计中教师需将教学内容作为基本依据，就学生的认知倾向、起点水平、学习需要、学习动机及兴趣等实际情况展开研究，使得学习者的学习需求得到满足，这是学情分析中一切教学活动的出发点。可从如下三个方面展开。①学生的作业要预先布置好。让学生通过预学及早发现问题，然后想办法解决问题，从而使得课堂效率得到提高。②在学习立体图形时，可要求学生可预先准备剪刀及长方体盒子，引导学生掌握多种裁剪盒子的方法，以此提高学生解决问题的兴趣，通过图形经验积累，使得空间概念得以发展，从而增强学生对数学空间的想象力；③教师通过准备的各种几何模型，让理解能力较弱的学生也能有更加清晰直观的认识,从而培养学生对立体图形的想象力。

（二）创设问题情境,激发学生的学习兴趣

数学的关键内容是问题,思维的动力及方向源自问题,而问题情境是具体问题、抽象概念、数学学习及现实生活之间的桥梁。教师在教学活动中,应当以生活实际、教学内容及学生为具体依据,创建一种现实而富有吸引力的学习气氛,激发学生学习数学的兴趣与动机。

对数学问题情境进行恰当的创设,使学生的创新意识、实践能力及思维品质得以发展,其学习积极主动性得到调动,又使得学生的学习兴趣得到激发。

（三）组织合作探究,解决学习的疑难问题

学习数学的重要方式是合作交流、自主探索及动手实践,这是《数学课程标准》所指出的重要内容。而合作探究是一种互助性学习,通常是将学生分在一个团队中,让其朝着一个目标展开各司其职的学习探讨。通过有效的小组合作探究,能够营造一种开放互动的学习氛围,供小组成员间进行相互促进,通过这种方式能够对学生进行个性化培养,从而弥补学生身上的缺陷,促使每个学生实现学习目标。教师可引导学生在课堂上展开合作探究,应首先准备好合作探究的内容,并创设问题情境,引发学生进行发散思维,对问题进行解决。然后通过小组合作方式,对问题进行探究,从而归纳出问题,将知识应用于数学问题的解决中。举例来讲,对于《频率与概率》一课,因为时间紧迫、实验次数频繁,教师可将学生分为各种小组,并使每个小组都有明确的分工:实验和记录由一些人来操作,然后在进行交换,如此下来,合计出全班同学的结果。

通过小组合作探究，既使学生的团队意识得到培养，又能在有限的时间内实现预期目标，从而有助于他们通过合作探究，解决自主学习中碰到的疑难问题。

（四）捕捉精彩，锁定以学定教的灵动点

课堂教学过程具有一定的动态性，预设再好也很难照顾到课堂教学中的所有细节，而课堂教学的生动性及精彩程度，需要充分发挥教师的灵活性，可根据学生的学习情况，对一些教学课程进行调整，从而得到超越原计划且具有一定新颖性的教学流程。

教师在课堂教学中要做到心中有整体框架，明确教学进程，对于课堂上出现的各种信息，应当以整体教学为基本目标，从而进行调整及掌控。比如，从学生的错误中帮助学生发现问题，并帮助其及时纠正，让学生掌握改错的主动权，从而使得他们对错误有清晰的认识。总而言之，教师从学生的实际情况出发，对教学目标及重点加以确认，从而满足"以学定教"要求。在数学课堂上，让不同层次的学生都能获得良好的学习效果，这是数学课堂的高效性所在。教师在课堂教学中，只有将学生作为主体，根据学生的具体情况，确定教学方法，才能使课堂效率得到提高。

六、"自主学习、以学定教"教学模式的基本环节

（一）"三环六字"教学路径的选择

"自主学习、以学定教"教学模式的关键字有两个："学"与"教"。第一个环节是"师导"，即教师顺学而导，重在引导学生自主学习，并养成自主学习的好习惯。教师要根据学生自主学习的情况，调整并重新确认本节课的教学目标与重点（即教学目标与重点不再是由教师一人说了算，而是由教师与学生共同确

定），进而创设情境导入下一环节，所以本环节重在"调"与"导"。第二个环节是生学，即教师"以学定教"，重在教师指导学生自主合作学习新知识，进而根据具体的学习情况确定新的教学策略，最终在师生的合作训练中引导学生学会新的知识，所以此环节重在"学"与"练"。但是仅有"学"与"教"是远远不够的，教师与学生还要清楚教与学的效果，那就是必须有"互评"这一环节。第三个环节是互评。通过教师与学生的合作、学生与学生的合作，选择一定的方式与方法进行评价总结和随堂检测，梳理学法与学路，检测当节课的学习重点掌握情况，进而明确教学效果，更加顺利地进行下一节课的教学，所以本环节重在"评"与"测"。

从建构主义理论与认知结构学习理论中可以看出，学习的过程主要是"发现"—"接受"。从教学理论的角度来讲，教学评价是教学设计中一个极其重要的部分。由此可见，"师导""生学""互评"是教学环节中必需的三个阶段。

（二）"三环六字"的教学路径

"三环六字"教学路径是指"师导—调与导，生学—学与练，互评—评与测"的教学路径。

1."师导"环节

"师导"环节重在教师的调与导，重点培养学生主动预习和提问的良好习惯。

（1）运用时间：5～10分钟。

（2）主要任务：调整并确定学习重难点，导入新课。

（3）对教师的要求。①尽快地了解学情，明确学生的需要。学情主要包括两个方面：首先是学生已掌握的相关知识，即学生的"前理解"，包括知识与情感两个方面，是学生的已知领域；

其次是学生对于本节课主要内容的疑惑，是学生的未知领域。这些内容可以通过学案或导学案让学生提前完成或通过课上检测完成，上课时交流解决，也可以通过设置结构性问题进行现场解决。②调整教学设计，重新确立本节课的学习重难点。根据在第一个任务中所了解到的学生需求以及学生自主学习的实际学情，尽快地创设情境，调整教学设计，重新确立本节课的教学目标及重难点，进而导入新课。

（4）对学生的要求。①回顾与本节内容相关的"前理解"或做自主学习检测卷。②独立思考并回答教师的问题，或进入教师创设的情境，明确本节课的学习重难点。

2."生学"环节

在"生学"环节，重点培养学生主动合作与质疑纠错的良好习惯。

（1）运用时间：20 ~ 25 分钟。

（2）主要任务：自主合作学习新知识。

（3）对教师的要求。①组织学生进行合作学习。教师设计学习新知识的梯度性问题，引导学生根据问题进行合作学习，学会新知识。②组织师生合作，共同答疑，点拨学法或学路。③根据学生反馈的学习实情，调整巩固拓展练习题，引导学生进行训练，并进行巡视，随堂批阅。

（4）对学生的三个要求：①合作讨论自主学习新知识。②由小组长负责收集本组不能解决的问题，与师生合作解决。③做巩固或拓展练习题。

"生学"环节重在学生的学与练。值得一提的是，本环节中对于合作学习有着自己的思考与研究：独学—组学—班学。[①]

合作学习有三类。第一类是学生自己与文本之间的对话合作。《语文课程标准》把阅读称之为"阅读是学生、教师、教科书编者、文本之间对话的过程"。其实，学生学习本身首先是阅读的过程。学生看课本的过程就是对话的过程，而对话的过程就是合作的过程。这取决于每一位学生的水平与层次。

第二类是生生之间的合作，学生与学生组成学习小组，并进行讨论探究，通常称之为"组学"。

第三类是师生之间的合作，教师与学生、小组、全班学生共同对话交流。小组与小组交流、教师与小组交流或教师与全班交流对话都属于集体合作，通常称之为"班学"。

3."互评"环节

在"互评"环节，重点培养学生主动梳理与积累的良好习惯。

（1）运用时间：5～10分钟。

（2）主要任务：进行即时教学反馈。

（3）对教师的要求。①组织师生总结梳理本节课所讲的主要内容。②概括本节课所涵盖的学法或学路。③组织学生进行随堂检测，并巡视，随堂批阅。根据反馈情况，调整补充强调或总结的内容，布置作业。

（4）对学生的要求。①思考归纳本节课所学内容。②根据教师的指导，总结学法或学路。③做随堂检测。

"互评"环节重在教师的评与测。当然，各环节的教学、各年级的习惯养成都不是完全独立进行的，而是相互依存渗透的。例如，每一个环节中各年级培养的学习习惯，并不是排斥其他习

① 罗红,吕志革.初中学生数学自主学习的实证研究[J].教学与管理（理论版），2010，（1）：78-79.

惯的养成，一味地培养一种或两种习惯，只不过教学的过程总有主与次。习惯的养成也是如此，每个环节所培养的学习习惯都不是绝对的，而是相对的，各个环节、各个年级的学习习惯是相互影响、互相促进的。

七、"自主学习、以学定教"教学模式的原则

（一）尊重与合作

尊重是合作的基础。首先是因为人人都有被尊重的需要，所谓自尊之心人皆有之。双方相互尊重、相互信任、相互交流不同的意见，这是双方合作的基础。尊重是对弱势群体的同情，对他人的隐私和权利的信任，对不同生活方式的包容。

"自主学习、以学定教"提出在教学的过程中，主要倡导实施自主学习合作的方式进行学习。在小组自主合作学习的过程中，教师要从学生的思想意识上指导学生，小组成员能互相尊重，相互信任，相互包容，坦诚相对。学会隐忍是合作的必要条件。发言者要尊重倾听者，倾听者要尊重发言者。发言者自信大方、条理清晰地表达自己的思想、情感。与此同时，倾听者要认真、仔细、文明、耐心地听或记，并适时地回应、表述自己的感受，以表达自己的认可或反对确保每一个人类成员拥有应有的权利"。

对于学生合作品质的培养仅靠说教是不行的，还要建立合作的制度或规矩，梳理有效的合作流程，给予小组成员以恰当的分工，并提出具体可操作的要求，监督实施，及时评价激励，久而久之，尊重的品质、高效的合作就会在课堂中浸润、飘逸，最终使得学生获得各方面长足的进步与发展。

（二）思想对话

（1）有思想是能对话的必要条件。对话是在对话者有着自

己思想的前提下实现的。没有自己的思想参与的对话只能是人云亦云、随波逐流，只是形式上参与、表面上或肤浅的对话。因此，在课堂教学中应时刻关注学生自己的想法，创造平等民主的对话氛围。

（2）要给予学生对话的机会，让学生能够对话。这就需要在日常教学中有意识地培养学生能思考、会思考的习惯，更重要的是在与学生对话或学生参与小组自主合作学习前给予学生独立思考的时间，让学生有思想可交流，能够与小组成员对话。

（3）要鼓励学生勇于交流对话。一种思想与另一种思想碰撞会产生两种以上的思想，这是人人皆知的道理。因此，教育学生主动勇敢地参与小组活动，积极对话，可以从不同成员身上学到很多意想不到的东西。不管是优等生还是后进生，都可以给小组成员以信息或其他资源。这样，学生既可以学会从不同人身上学习，培养谦虚谨慎、包容隐忍的品质，还可以学会与小组成员共享资源，培养学生互帮互助、合作共赢的品质。所以，教师要鼓励学生首先积极参与，然后多角度获得信息资源。只要参与就有收获，这样学生就会在日复一日地合作学习中，学会学习与合作，甚至学会做事做人。

（三）质量与差异

自主学习、"以学定教"旨在教会学生自主学习，即学会学习。可初中学生一方面保留着小学没有升学压力的"情感空白"，另一方面又面临着中考压力的"情感冲击"，常常处在复杂矛盾的生成与消解的过程中。追求教学质量、关注学生差异就出现了两个极端。前者往往成为学校追求的重中之重，被命名为"学校生存的生命线"，而后者便自然地沦落为经常出现在文章中可有可无的点缀。为了让"求质量"与"重差异"并行，"自主学习，以学定教"课堂教学模式，就是为了让不同层次的学生都获得平等的教育，获得符合自己学情的个性化教育，真正地学会学习，学到有用的东西，将来有能力成为一个"合格的公民"。因此，在"四定"中，不仅要收集优等生的学情，还要收集中等生、后进生甚至特殊生的学情，并针对其调整下一步的教学。

另外，在小组组合的过程中，根据学生层次来分配小组。在小组合作过程中，每一层次学生的分工、任务、要求也各不相同。这样，通过合作使他们在原有基础上都有不同程度的提升不求人人成功，但求人人进步。由此，在教学中就可以最大限度地关注到学生的差异，并让每一层、每一类的学生获得高于自身基础的成绩，进而使得学生整体成绩获得提升，不断提高教学质量。

第三章　初中数学教学技能探究

数学课堂是数学教师工作的主阵地，数学课堂教学研究是每一位数学教师专业成长的必经之路，是提高数学教师专业水平和研究能力的有效方式。对课堂中出现的疑难问题、典型问题进行研究，有利于认清课堂现状，把握教学问题的本质，从而采取有效的解决措施，对提高教学质量和深化课改有促进作用。本章重点探讨初中数学课堂中课题的引入、初中数学教材例题的处理策略、初中数学教材习题变式训练的教学策略、初中数学课堂互动教学和初中数学课堂教师提问与有效反馈。

第一节　初中数学课堂中课题的引入解析

课堂教育教学不仅具有规律性和技术性，而且具有可塑性和创造性。而课堂教学引入又是教学中的重要和必要环节，虽然它在一节课中所占用的时间非常短，但是直接影响到课堂效率。数学课堂教学引入既是学生学习新知识的起点，也是学生求知欲和学习兴趣的源泉，好的课堂引入能起到事半功倍的作用。

课题引入是为教学和学生服务的，对于不同特点的学生，在课题引入的选用上也应该做适当的改变。结合数学新课程标准的教学要求，以下总结出适用于中学数学课堂教学引入的方法。

一、适当地借用课本中的课题

中学数学课本的每一章节中，都或多或少有课题引入，这是专家学者根据教学要求和教学经验反复推敲得来的。这些课题引入具有科学性、规范性和严谨性。

近年来提倡知识来源于课本，也要回归课本，可以适当地借鉴课本中的课题引入。但这里的"借鉴"，并不是一味地"借用"，教师在教学中应认清学生的特点，尽量将书本上的课题引入加以研究、分析和改变，使之变为学生生活中常会遇到的问题，这样的课题引入才能被学生所接受。

二、用类比旧知识的方法

客观事物之间总是相互联系的，它们往往有许多共同点或相似之处，而数学是一门知识性、逻辑性很强的学科。数学教材的编排是按照由浅入深、由易到难的原则进行的，新知识是在旧知识的基础上深化和加工的，因此，在教学过程中，可以把已经学习过的知识，引入新课的学习内容，通过类比，建立"旧知"和"新知"的联系，让学生对知识结构有更清晰的认识和把握，有利于学生建立新内容是旧知识的深入和提高的观念，也就是常说的复旧迎新，这样有利于培养学生的归纳、分析、总结等思维能力。大多中学生没有预习和复习的习惯，采用类比旧知识的方法引入新课，更容易被他们接受。例如在教学"一元二次方程"时，可先引导学生复习一元一次方程的概念和特点，然后再写出几个一元二次方程的式子，让学生根据一元一次方程的概念和特点，类比总结出一元二次方程的概念和特点。这样进行教学符合中学生的学习特点，在类比的过程中，学生通过探究，既巩固了一元一次方程的相关知识，又获得了新知识和成就感，更能提高他们的学习兴趣，激发求知欲，真正达到"温故而知新"的效果[1]。

对于中学生而言，数学是较为枯燥且抽象的一门课程，他们之所以这样认为，是因为对数学没有一个系统的认识，大脑里没有一个整体的框架。作为教师，除了教学外，还应该帮助学生建立数学框架，而"以类比旧知识的方法引入新课"就是一个很好的办法。用这个方法不仅能教会学生知识，更能教会他们获得知识的工具——"类比法"，"类比法"的掌握能让学生在以后的

① 潘超,李红霞,赵思林.初中数学教学研究与微课教学设计[M].成都:四川大学出版社，2015.

数学探究中得心应手。

三、用让学生动手实践的方法

"实践是检验真理的唯一标准。"这句话在中学数学教学中同样适用，只有自己动手实践，发现其中的规律，印象才深刻，才能把听来的转化为自己的。部分中学生动手能力差，依赖性强，自觉性差，喜欢一味地听，在数学教学中，教师更应该注意学生这一特点，有意识地安排动手实践课题，在引入新课的同时，培养学生的动手能力和分析能力。

中学生上课容易注意力不集中，让学生亲自动手实践，有助于学生集中注意力，激发其学习兴趣，形成良好的学习氛围。例如在讲解乘方的时候，可让学生拿出纸动手实践，先对折两次，量量有多高；再对折四次，量量有多高；再对折八次，量量有多高（这时对折已经很困难了），最后让学生讨论"一张足够大的纸，对折五十次后有多高？"学生讨论不出结果，教师便自然地引出乘方概念，帮助学生解决这一问题。这样教学既达到了引入新课的目的，又锻炼了学生的动手实践能力，有助于学生养成动手实践的好习惯。

四、用设置悬念的方法

中学生正处在对任何事物都倍感好奇的阶段，教师可抓住这一心理特征，在讲解新知识之前，有意识地设置一些悬念，让学生带着问题和目的听课，这样教学更能让学生集中注意力，接受知识的效果甚至会超过预期，达到真正的活学活用，进而提高教学效率，完成教学任务。例如讲解排列组合的隔板法时，先让学生解决这样一个问题：把四本相同的书分给三位同学，每人至少一本，有多少种不同的分法？学生能用枚举法解决，然后提出问题：把二十本相同的书分给三位同学，每人至少一本，有多少种不同的分法？由于数字太大，学生无法用枚举法一一举出，由此产生疑问，留下悬念。学生为了解决这一问题，便会认真地听课，最后掌握解决这一问题的方法，并且对这一方法产生深刻印象。

在中学数学教学中，不管什么样的课题引入方法，只要能让学生听懂，能达到引入新课的目的，就是好的课题引入方法。作为中学教师，不应一味追求课题引入的方法，而应该注重课题引入方法的适用性，针对不同的学生，选用不同的课题引入，真正做到因材施教，把握中学学生的特点，选择或者改良一些课题引入的方法，充分发挥课题引入的作用，调动学生的积极性，完成教学任务。

第二节　初中数学教材例题的处理策略

数学离不开例题，例题是现行教材的重要组成部分，是教师向学生传授知识、培养能力、深化数学思想的途径。例题即样板，把握、研究好例题教学，对提高教学质量、创造高效课堂起着至关重要的作用。例题，按其中心作用可归为两类：一类是帮助学生理解知识、突出基础知识的例题；另一类是引导、启发学生突破重难点，发展智力，培养能力，突出数学思想、方法的例题。对于第一类例题，应通过教学突出概念、定义、定理和知识的使用范围，起到理解知识、规范格式、巩固知识的作用。第二类例题则对是学生能力的培养。教学时应着力于启发思路、引导探索，发散学生的思维。

一、理解知识的例题的处理策略

为了使学生尽快熟悉课堂的基本内容，加深对数学概念、公式、定理的理解，教材一般都会适当地穿插一些例题加以说明、验证。

例1：下列代数式中，哪些是单项式？哪些是整式？

$-a^2b^4c$，-1，$x+y$，1，，，（a^2-b^2）

上述概念性例题，关键是让学生理清知识，区分概念。在课堂教学中，教师就应引导学生明晰概念，再逐个分析，从而让学生能对概念进行明确的辨析。

二、示范作用的例题的处理策略

例题可以促进学生学习方法科学化和解题规范化习惯的养成。教材中的例题的写作格式及书写过程通常比较规范，符号以及图形的使用也比较准确，有很好的示范作用，利于学生养成良好的答题习惯。

例2：计算：

（1）（$m-2n$）（$m^2+mn-3n^2$）

解 原式$=m \cdot m^2+m \cdot mn-m \cdot 3n^2-2n \cdot m^2-2n \cdot mn+2n \cdot 3n^2$

$=m^3+m^2n-3mn^2-2m^2n-2mn^2+6n^3$

$=m^3-m^2n-5mn^2+6n^3$

（2）（$3x^2-2x+2$）（$2x+1$）

解 原式$=6x^3+3x^2-4x^2-2x+4x+2$

$=6x^3-x^2+2x+2$

例3：如图3-1所示，在△ABC中，D是边BC的中点，过点 C 画直线 CE，使 CE∥AB，交 AD 的延长线于点 E。求证：
AD=ED。

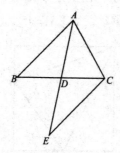

图 3-1

证明：因为 CE∥AB（已知），

所以∠ABD=∠ECD，∠BAD=∠CED（两直线平行，内错角相等）。

在 △ABD 与 △ECD 中，因为∠ABD=∠ECD，∠BAD=∠CED（已证），

BD=CD（已知），

所以△ABD≌△ECD（AAS），

所以 AD=ED（全等三角形的对应边相等）。

上述例题本身并不难，而出现在教材中，关键就是起到解题模板、示范作用，让学生规范解题格式，以达到美观、整洁的作用。面对这样的例题，教师可引导学生自学、模仿。

三、启发作用的例题的处理策略

课本中的例题能提高学生的理解能力，开发学生思维，使其掌握解题技巧。教材中不少例题看似简单，但其中常常蕴含着数学的基本思想方法和技巧，教学中对例题进行挖掘和渗透，可以极大地提高学生的解题能力，也可以使学生掌握分析、判断、推

理等学习方法。

例4：如图3-2所示，在正方形ABCD中，△AEF的顶点E，F分别在BC，CD边上移动，∠EAF=45°。求证：EF=BE+DF。

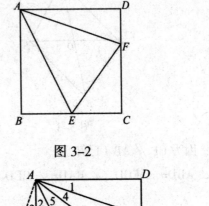

图 3-2

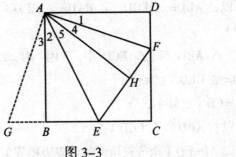

图 3-3

方法1：（旋转法）如图3-3所示，将△ADF绕点A顺时针旋转90°得

△ABG，则△ABG≌△ADF，点G，B，E在同一直线上。可证△AEG≌△AEF（SAS），从而得到EF=EG=BE+BG=BE+DF。类似地，也可以将△ABE绕点A逆时针旋转90°。

方法2：（小角拼合法，将∠1、∠2拼合为一个45°的角）如图3-3所示，作∠GAB=∠1，边AG交CB的延长线于点G。类似地，也可以在AD的另一侧作与∠2相等的角。

方法 3：（补短法）如图 3-4 所示，延长 CB 到点 G，使 BG=DF，连接 AG。类似地，也可以延长 CD。

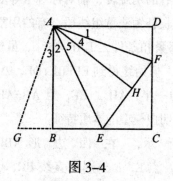

图 3-4

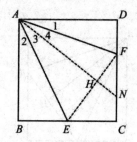

图 3-5

方法 4：（轴对称法）如图 3-5 所示，将 △ADF 沿 AF 翻折至 △AHF，则 △AHF ≌ △ADF，连接 EH，再证 △AEB ≌ △AEH（SAS），则点 E，H，F 在同一直线上，所以 EF=BE+DF。类似地，也可以将 △ABE 沿 AE 翻折至 △AHE，连接 FH。

方法 5：（大角分割法）如图 3-5 所示，将 ∠EAF=45° 分割成两个角，作 ∠NAF=∠DAF，即 ∠1=∠4，则 ∠2=∠3。过

点 F 作 FH ⊥ AN，垂足为 H，连接 EH（或在 AN 上截取 AH=AD，连接 FH，EH）。

以上方法中，有的用旋转、轴对称等全等变换思想重组全等三角形，有的用截长补短法重组线段，有的用割补法重组角。无论哪种重组法，都紧扣条件∠EAF=45°。虽然点 E，F 分别在 BC，CD 边上移动，但始终得到 EF=BE+DF，△ECF 的周长是正方形 ABCD 周长的一半；AH ⊥ EF，且 AH=AB。因此，在上课的时候就要让学生明白模型的本质特征。

如图 3-6 所示，在四边形 ABCD 中，AB=AD，∠B+∠D=180°，点 E，F 分别在直线 BC，CD 边上移动，且∠EAF=∠DAB，则 EF=BE+DF 或 EF=|BE-DF|。

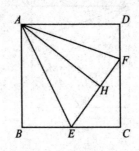

图 3-6

四、知识拓展作用的例题的处理策略

对典型例题的分析，可以开阔学生的思路，培养学生的发散思维。针对例 4，还可对问题继续提问。

问题：如图 3-7 所示，若 F，F 分别在直线 BC，CD 上移动，结论 EF=BE+DF 还成立吗？（或者进一步弱化条件，再让学生研究，以拓展学生思维，使课堂教学达到质的飞跃。）

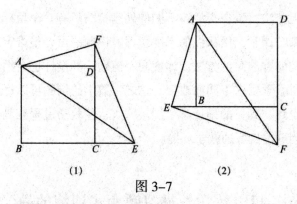

(1)　　　　　　　　(2)

图 3-7

五、整合教材的例题的处理策略

教师们通常认为对教材例题的处理方法就是评讲、点评，而忽略了教材例题的重要作用之一就是将其情景化。数学来源于生活，又服务于生活。只有与生活接轨，同学们才能感受到数学的价值所在，才愿意敞开心扉，接受数学。

例5：（华师版八年级十四章勾股定理）Rt △ ABC 的斜边 AC 比直角边 AB 长 2cm，另一直角边 BC 长为 6cm，求 AC 的长。

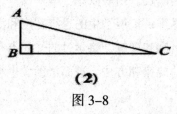

（2）

图 3-8

对于上述例题的处理，可以选择将其情景化，作为新课的导入问题，再抽象为数学模型，如图 3-8 所示，从点 C 到点 A 有两条路径，其中 AB=2cm，BC=6cm，问：哪条路更近？近多少？这样的设计让学生更有亲切感，明白数学并不陌生，就在自己身边，愿意去学，从而达到学会、会学、乐学的境界。

教无定法，贵在得法。不同的处理策略只有一个目标，就是让学生参与课堂，用积极的态度学习。例题的设计很难定出一个"放之四海皆准"的方法。即使同一道题，其设计也会因学生层次不同、教学要求不同而改变。总之，数学的例题可以通过多种情境来设计，其目的是让学生层层深入，使教学过程充满生机与活力，创造出良好的教学环境。

第三节　初中数学教材习题变式训练的教学策略

一、初中数学教材习题变式训练

初中数学教师在进行教学活动之前，应先熟悉教材，并对教材中的习题、例题进行深入的研究。初中数学教材里的例题、习题是专家们多年钻研的结果，是教材中的精华内容，很多习题不仅是问题变换的根基，还是中考的重点考查内容。从初中数学教材中的例题和习题出发、拓展联想、举一反三，构建知识体系，锻炼学生的发散思维，扩展学生的思维宽度和深度。通过对教材中例题和习题的研究和理解，将学过的知识点有机地结合在一起，总结出解决问题的规律和方法，进而帮助学生掌握相关的数学思想和数学能力。

教材例题变式：人教版八年级下册教材第 46 页例 3。

如图 3-9 所示，平行四边形 ABCD 的对角线 AC，BD 相交于点 O，点 E，F 是 AC 上的两点，并且 AE=CF。

求证：四边形 BFDE 是平行四边形。

分析：此例题有多种证明方法，体现了一题多解的概念。教材给出一种证明方法，可以让学生交流探究，尝试多种证明方法，证明后对这些方法进行比较，选择较简单的方法，总结经验。另外，对此例题，可以进行以下变式，开拓学生思路。

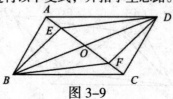

图 3-9

变式一：

如图 3-10 所示，若点 E、F 在线段 AC 上运动，且点 E、O、F 三点不重合，在运动过程中始终保持 AE=CF，其他条件不变，则结论仍成立吗？

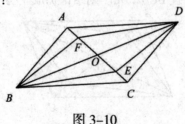

图 3-10

变式二：

如图 3-11 所示，若点 E、F 在直线 AC 上运动，且都不在线段 AC 上，在运动过程中始终保持 AE=CF，其他条件不变，则结论仍成立吗？

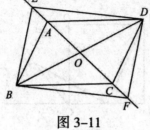

图 3-11

变式三：

如图 3-12 所示，若已知在平行四边形 ABCD 中，点 E，F 是线段 AC 上两点，且 AE=CF。则结论仍成立吗？

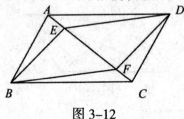

图 3-12

变式四：

如图 3-13 所示，若已知在平行四边形 ABCD 中，点 E，F 是线段 AC 上两点，且 BE // DF。则结论仍成立吗？

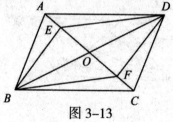

图 3-13

教材习题变式：人教版八年级下册教材第 69 页 14 题

如图 3-14 所示，四边形 ABCD 是正方形，点 E 是边 BC 的中点，∠AEF=90°，且 EF 交正方形外角平分线 CF 于点 F。

求证：AE=EF0。

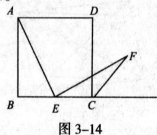

图 3-14

变式一：

（1）如图 3-15 所示，若 E 点在线段 BC 上运动（不与点 B、C 重合），其他条件不变，结论仍成立吗？

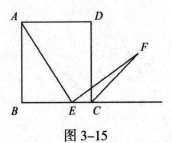

图 3-15

（2）如图 3-16 所示，若 E 点在 CB 的延长线上运动，其他条件不变，结论仍成立吗？

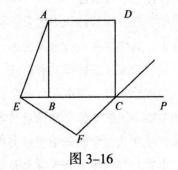

图 3-16

变式二：

（1）如图 3-14 所示，当 E 为 BC 边中点时，AF= BE；

（2）如图 3-15 所示，当 E 不是 BC 边中点时，求 AF, AB, BE 之间的数量关系。

变式三：

（1）如图 3-17 所示，若将正方形 ABCD 改为正三角形 ABC，点 F 是∠ACP 平分线上一点，当∠AEF=60° 时，结论 AE=EF

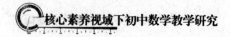

仍成立吗？

（2）若将正方形 ABCD 改为正 n 边形 ABCD，那么当
∠AEF= 时，结论 AE=EF 仍成立。

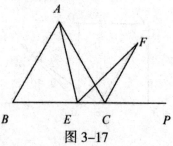
图 3-17

二、初中数学教材习题变式过程中的注意事项

（一）与现代教育技术相结合

数学历来都是中学教育课程体系中的重点科目，尤其是信息技术飞速发展的今天，数学的重要性愈发突出，同时高度发达的信息技术也给数学教学带来了新的模式和方法。当下，信息技术在教学中的应用已经相当普及，很多学校都会在课堂教学中使用信息技术来提高课堂效率。数学教学和信息技术的结合，必将带来更好的教学效果，让变式教学的作用更加突出。在课堂中，可以通过建立多变、丰富的问题场景来为学生营造更为融洽、宽松的学习氛围，帮助学生培养创新、求异的想象能力。除此以外，现代教育技术和初中数学教育的结合还能有效提高学生学习数学的积极性、好奇心和主动性。变式教学中动态探索和静态演示的结合，有助于培养学生的发散、创新思维能力，提高课堂教学效率。

变式教学中的静态展示，一般是以 PPT 课件的形式进行的，静态展示可以为学生提供多变、清晰的学习场景，突出学习重点和核心，解析学习内容的本质，帮助学生对所学内容取得更加深刻、清晰的认识和理解。例如，通过对图形中点到直线距离的分辨来促使学生加深对点和直线概念的理解，通过图形展示，加强学生对轴对称图形以及轴对称的理解和区分。

初中数学教学和现代教育技术的碰撞，带来的不仅仅是 ppt 课件形式的静态展示，还有通过 $Z+Z$ 智能教育平台、Flash 动画、几何画板等方式来传达教学内容，提升教学效果的动态探索教学。动态探索是初中数学变式教学和现代信息技术的完美融合，是一种有效的教学方法，能够帮助学生更直观、形象地认识理解所学内容，从而加强对重点和难点内容的理解。

初中数学变式教学和现代信息技术的结合，对动点轨迹问题、图形变换问题、函数图象规律和性质等方面问题的教学有很大帮助，是未来数学以及其他学科课堂教育的发展趋势。

（二）与探究式教学相结合

当下课程改革日益深入，新的教学模式不断产生，但数学教学中的核心教学模式始终是探究式教学。初中数学课程的教学目标不仅仅是向学生灌输数学知识，更重要的是培养学生的探究能力和创新意识。因此在教育改革推动下，数学教学模式的更新也应围绕探究式教学展开。探究式教学是一种问题导向式的教学模式，任何教学活动都要围绕学生学习和探究的问题展开，探究式教学和初中数学的变式教学相结合能够有效提升教学效果。

探究式教学和初中数学的变式教学相结合的教学模式重视探究情景中的变式问题。问题的设置应考虑情景的变化和学生的认知水平，最好从实际生活中寻找问题，做到数学与生活相结合，构造有梯度、有层次的问题情景变式。

探究式教学和初中数学的变式教学相结合的教学模式重视知

识探索的过程。初中数学教学，常常会使用分组探究、讨论的方式来处理遇到的问题，此时小组间以及同小组内的同学间的交流、讨论、合作程度将会对最终的学习效果和教学效果产生重大影响。课堂上分组探究、讨论的过程不仅能帮助学生解决学习过程中遇到的问题，还能培养学生交流、合作的能力和意识，启发学生的创新、发散思维。

在教学活动的深入过程中，应不断探究，加强拓展训练，以达到巩固知识掌握的目的。变式训练可以帮助学生了解各个知识点间的关系，寻找更多、更灵活的解决方式。初中数学教育应结合探究式教学与变式教学，总结变式方式、构建知识架构、反思探究过程，进而促进学生能力的培养和思维的拓展，提高学习效率和质量。

（三）与启发式教学相结合

初中数学的变式教学应重视教师对学生的启发，教学目标和问题设计应根据学生的具体情况和教学内容制定。在确定需要探究的问题和最终的教学目标后，再逐步启发、引导学生解决问题、完成学习目标。在教学过程中，教师应充分利用教学情景启发、引导学生进行发散性思维，通过变式问题，促进学生掌握相应知识。变式问题的设置应由浅入深，由表及里，逐步深化学生对问题的理解和认识。通过变式教学巩固学生已经掌握的知识、能力，促进学生吸收、内化、掌握新的知识和技能，并在教学的过程中逐步刺激学生的学习欲望，引导学生养成勇于探索、积极思考、主动学习的好习惯。

（四）变式教学要注意适度

变式问题的设置对变式教学效果会产生非常重要的影响，因此要根据学生的认知水平适当设置变式问题难度、跨度、深度和题量。

首先，变式问题应由浅入深，由易至难，在整个变式教学过程中逐步提升难度。在最开始，为了帮助学生树立信心，掌握最基本的解题思路和方法，可以先为一个大题目设置几个小题目作为铺垫。题目过难会影响学生的解题情绪。

其次，应根据学生的实际承受能力来设置问题深度。变式问题深度要适中，题目太浅，学生会感到无聊，也无法取得锻炼效果；题目太深，会引发学生的反感情绪，导致学生对探究失去兴趣。

再者，要适度设置题量。变式问题的数量并不会提升教学效果，相比于问题数量，问题质量更为重要。一道典型的探究问题，比十道不典型的问题效果更好。题海战术只会让学生对学习产生厌倦情绪和思维疲劳。

最后，变式教学应"因课而异"，要适当选择变式教学方式。复习课与新授课教学方式、教学目标完全不同，因此应采取不同的变式教学方式。变式教学方式的选择除了要考虑课型外，还要考虑环境、学生等各种因素。

（五）考虑学生的实际情况

学生是教学活动的主体，无论何种教学模式、教学方法，都应重视学生的实际情况，尊重学生的主体地位，在变式教学中更是如此。为了激发学生的学习兴趣和学习主动性，帮助每个学生掌握正确、有效的学习方法，培养良好的学习习惯，变式教学过程中应充分考虑学生的实际情况，在考虑学生们共性的同时充分考虑学生的个性。

数学教学的主要目的之一就是培养学生的思维，学生投入的情感和认知越多，教学效果就越好。但实际中很多同学在学习中表现得十分被动，并不愿意和同学、教师交流、沟通，这就需要教师给予充分的鼓励，来调动其学习主动性和积极性。

变式教学的实施要面向所有学生，防止两级分化、顾此失彼。在实际教学过程中，可以采用分层教学的方式，对于能力较强的同学给予更有深度、难度的变式问题，对于能力稍弱的同学应给予基础变式。要重视变式情景的营造和学习氛围的烘托，给予学生充足的自我展示机会和时间。

第四节　初中数学课堂互动教学

一、课堂互动教学的内涵

（一）课堂互动教学的特征

在初中数学课堂上运用互动教学这一教学形式时，首先需要教师清楚了解"互动"是互动教学的本源，这样才能成功地进行互动教学。互动教学有以下几种特点：

1. 创设教学情境，激发学生兴趣

日常生活中有许多和数学相关的存在，教师可以依据教材的主要纲领，增设生动的情景教学，示以现实生活中的真实例子，使学生近距离 0 感受数学的无处不在，使数学学习不再枯燥，增添学习数学的乐趣，使学生能积极参与并举一反三。

为了让学生在学习数学的过程中主动思考，在互动教学的过程中，教师要不断地提出问题，让学生主动探讨，共求答案。

2. 以学生为主体，教师为主导

"授之以鱼，不如授之以渔。"随着教育改革的深入开展，传统的教学方法已无法满足教学需求，需加以改变。过去都是教师讲课，学生被动听课，对知识的接收是机械式的填鸭，不能很好地理解知识的真正内涵，知其然而不知其所以然。在互动教学中，要求教师在授人知识的同时，侧重对学生思维方式和能力的塑造。一改传统模式，以教师为引导，让学生成为整个教学活动的主体，以学生为中心，教师与学生形成互动，通过教师在教学中提出问题、学生积极作答、团体讨论等互动方式，充分调动学生学习的主动性。

3. 师生平等对话，活跃学习氛围

很多时候，学生对教师心存畏惧，不敢主动向教师请教问题，而这成为师生正常交流的障碍，因而无法开展课堂互动。想让学生没有这种心理，教师要主动去与学生交流沟通，让学生感觉到教师有如朋友般温暖，而不是没有温度的存在。互动教学必须以师生平等为前提。

教师要真正走进学生的内心，给予每位学生关爱，认真倾听学生的诉求，才能在课堂上与学生展开互动，激发学习气氛，有效提高教学效率，只有学习的气氛高涨了，才能更好地运用互动教学。因此师生双方保持友好、平等、彼此尊重的关系，才能营造融洽的学习氛围，使学生释放天性，全身心投入，从而提高学习成效。

（二）课堂互动教学的类别划分

1. 教师与学生群体的互动

教师与整个班级或学习集体进行的互动与交流，就是教师与学生群体的互动。

在整个班级学生与教师在互动教学中，每个学生都知道自己代表的是一个集体，为了集体的荣誉感参与互动，真实表达自己的想法，使教师在与每位同学的互动中，加深对学生群体的了解。

2. 教师与学生个体的互动

在课堂上教师与指定的学生进行提问式的互动，是教师与学生个体的互动。教师在与学生个体互动前，有计划和有针对性地安排适合不同学生的问题，公平对待每一位学生。在学生的回答中，教师要鼓励学生不管对错，敢于表达，同时教师要用心体会每个同学的不同看法，然后加以指导，循循善诱，给学生准确评价，使学生得到肯定。在课堂互动中，教师通过问答式互动，让每个学生正确掌握知识，实现预期的学习目标。

3. 学生个体与学生个体的互动

在两位学生间进行的互动形式就是学生个体与学生个体的互动形式。两位学生个体之间，因为彼此熟悉，年龄接近，更容易有相同的想法和认知，沟通起来更容易产生兴趣和激情。学生之间的交流也是平等的，在课堂的互动中，能增进同学间的感情，使彼此更加了解，默契配合，完成学习任务，交流中创造团结友爱、积极进取的学习气氛。

4. 学生个体与学生群体的互动

在互动教学中，学生个体与学生群体间的有效互动可以促使学生个体入班集体中。一个学生表现越优秀，就越容易受到学生群体的关注，起到榜样作用。在与学生群体的课堂互动中，学生个体能起到主导作用，在集体讨论中，学生个体提出问题，与学生群体一起学习、解决问题、拓展思路、共同探讨并达成意见统一，在提高学习成绩的同时，提高团队意识和与人交往的能力。

5. 学生群体间的互动

学生小组之间的互动，是学生群体间的互动。在一个学习任务中，经常会组成不同的学习小组，各小组成员的性格、认知水平、思维模式不同，这就需要在互动中存同去异，达成共识。以小组的共同观点，再去和其他学生群体组合达成意见统一，再进行辩论，最终形成全班的统一思想。这个过程即学生群体间的互动。

（三）课堂互动教学遵循的原则

1. 围绕教学目标和教学内容进行课堂教学

对于课堂教学而言，需要密切结合教学内容、教学目标，要将其作为基本教学原则，贯穿教学的始终，尤其是在互动教学中，更要强调这一点。要保证课堂的活动始终围绕教学内容，不能一味追求课堂气氛活跃，而忽视教学内容，开展无意义的教学活动，这样既浪费了课堂资源，也达不到教学要求。

良好的课堂互动，有利于学生更好地处理问题、理解并灵活运用知识，同时提高他们的交流能力，促进学生的团队合作能力，对于他们构建思维框架都有积极意义。教师需要有针对性地做好教学内容的设计，要充分了解学生的学习程度，尊重他们的个体差异性，制定难度适宜的教学内容，以提高课堂效率。

2. 根据教学内容，进行灵活互动

并非所有的教学内容，都适用于互动教学，有些教学内容，需要的最佳授课方式是教师讲授。因此要结合教学内容，制定有针对性的教学方式，而不可一味追求互动，否则不但不能达到教学目的，反而会造成适得其反的效果。对于互动式教学而言，需要灵活运用多种形式，要根据问题的性质适当转换模式，引导学生展开讨论。教师应始终围绕教学内容的进行引导和总结，鼓励学生参与其中，这样才能营造良好的教学氛围。

3. 课堂互动不能形式化

部分教师会提前做好课堂内容的预案，目的是明确课堂的流程，而为了突出学生的主体地位，其会将互动的流程都设计出来，刻意地进行提问、互动，上课时也严格按照这个思路进行，比如：问学生哪些问题，学生会有什么样的反应，自己应该如何作答等。但是这个流程并不符合现实的情况，因为课堂上的互动是多元化的，学生的思维是教师无法于事前进行准确模拟的，如果按部就班地讲课，就忽视了学生的主体地位，并没有实现真正意义上的互动。因此这种做法本质上还是基于教师的权威进行的授课活动，不利于学生的独立思考以及构建思维的发展，无法实现课堂互动教学的意义。

二、初中数学课堂互动教学的现状

（一）数学课堂互动存在的问题

（1）课堂互动机会少。目前，我国大部分数学教师认为，教好数学还是需要以讲授为主，即教师深入理解数学知识，然后探索出最佳的解题思路，再向学生传递知识，至于教师和学生的互动则几乎没有。这主要由两方面原因。一方面，在这种模式下，学生已经习惯被动式的听讲，缺乏独立思考的能力，无法形成互动；另一方面，教师的互动意识不强，主要是在应试化教育中，教师更加关注分数这个硬性指标，而课堂互动也没有纳入评价机制，再加上教学设计也缺乏相关的内容。

（2）课堂互动机会不均等。目前课堂主要由教师提问，学生回答，但是存在一些同学在课堂中被经常提问，很多的同学几乎没有回答的机会[①]。

（3）课堂互动的形式单一。在数学课堂上，互动一般只是教师提问，让一个学生回答，或者全班学生一起回答，在教师的教学设计中，互动就是提问，很少有分组学习，合作探讨或者让学生之间互相交流。一直以来，学生都习惯了这种互动方式，反而不具备自主探索的能力。

（4）课堂上学生缺乏主动性。对于课堂上教师进行的提问，大部分学生表现出的反应很不积极，越是如此，课堂的气氛就越安静，因为没有学生回应，教师授课完后下达任务，要求学生探究和思考，但实际上大部分学生，只是对学习内容浅尝辄止，他们习惯于等待现成的答案。

除此之外，还有以下几个原因造成学生消极的学习态度，比如：教师留下的任务难度，以至于他们无法完成；学生自身缺乏敢于争先的勇气，不想吸引大家的目光；还有学生缺乏兴趣，亦或者有恐惧心理。

5.学生的课堂互动意识模糊

学生同样对于课堂没有直观的认识，尤其在互动的环节方面缺乏了解，他们对课堂互动的认知，仅仅停留在浅层方面，即教师提问，学生回答。

6.课堂互动形式化

对于课堂互动而言，并非单纯追求语言上的交流，有些教师对其理解产生偏差，采取一些简单的问题，让学生回答，以追求能够达到课堂气氛的活跃，但是这种方式不单不会调动学生的兴趣，反而会打消学生积极参与的热情。一些教师往往会根据自己

① 　黄燕玲，喻平.对数学理解的再认识[J].数学教育学报，2002（03）：40-43.

的预先设计进行教学，就会存在课堂上互动环节的出入，造成学生没有完全参与其中，影响课堂秩序。

（二）影响数学课堂互动实施的因素

1. 学生因素

影响数学课堂互动实施的学生因素具体表现如下。

第一，学生对于学习的主观能动性。学习离不开学生自身的努力，因此学生的主观能动性就是进行有效学习的先决条件。它不仅是学习的内生动力，而且是课堂教学能否取得成果的关键因素。因为课堂互动离不开学生与教师的共同参与。第二，学生能力水平参差不齐。学习本身就是一个不断积累的过程，解决问题是建立在自身知识储备的基础上的，。因此知识积累十分薄弱的学生，很难回答教师的问题，这也是影响课堂互动质量的关键因素之一。

第三，学生对课程的兴趣。兴趣是引导人们进行探索的不竭动力。在实际教学中，往往存在这样一种现象：对于某一门课程感兴趣的学生，喜欢将更多的精力投入在这门课程中，但如果是不喜欢的课程，则往往会出现消极心理。因此，培养学生的兴趣，在于教师如何利用自身的学识以及高尚的品格，去感染学生，为学生树立榜样，这样才能激发他们的学习兴趣，从而提高他们课堂互动参与的积极性。

第四，学生性格因素。学生在成长过程中，会受到社会环境、家庭等因素的影响，从而形成不同的性格。而某些性格，如胆小、害羞等则会影响他们参与互动。

第五，学生之间会产生影响。在课堂中有一种有趣的现象，就是教师提问时，一开始没有学生回答，而在一个人举手回答之后，便有许多同学争先恐后地回答问题。

2. 教师因素

影响数学课堂互动实施的教师因素具体如下。

第一，教师教学方式比较单一，一味地追求教学的准确性和实用性，而缺乏在课堂上与学生的互动，忽略学生的个体差异，只是不断地向学生传授知识，这种教学方式十分传统，不适合培养学生的创造性思维，没有真正实现课堂互动，无法激发学生的参与热情、求知欲望，导致学生对该门课程缺乏兴趣。

第二，教师自身的魅力。有的教师性格开朗，讲课风格幽默，会调动课堂的气氛，就很容易让学生对其产生好感，所以，学生的学习积极性很高，都喜欢参与课堂活动。但是对于性格严肃的教师，教学风格比较枯燥，就很难引起学生的兴趣，在上课时，学生往往表现出拘束的状态，不敢回答问题。

3. 环境因素

影响数学课堂互动实施的教学环境因素具体如下。

第一方面，课堂环境。学生能够积极参与课堂互动，在一定程度上会受到课堂环境的影响，它能直接作用到学生的学习成果，还有思想品德方面。同时课堂环境也直接影响教学的质量。如果班级课堂气氛轻松活跃，就会营造出良好的学习氛围，学生们都遵守纪律，认真听讲，踊跃答题，积极参与。反之课堂气氛严肃而沉闷，就会造成学生心理压力大，不敢举手答题，或者对于课堂内容不感兴趣，产生消极听课的行为，从而使得课堂互动无法进行。

第二方面，教学内容。有时候会因为教学的内容不同影响他们的学习热情。对于一些注重理论性专业强的课程，往往有些枯燥，学生对此没有兴趣，就不愿意参与课堂互动，还有一些内容，因为难度较大，学生理解困难，这给他们参与课堂互动带来了很大的难度，所以导致学生无法回答教师的问题。

第五节　初中数学课堂教师提问与有效反馈

一、初中数学课堂教师提问的策略

问题是数学学习的基石。《义务教育数学课程标准（2011年版）》指出："初步学会从数学的角度发现问题和提出问题，综合运用数学知识解决简单的实际问题，增强应用意识，提高实践能力。"在新课改的今天，高效课堂成为每位教师追求的目标，而要实现高效课堂，提问是手段之一。《现代汉语词典》对提问是这样解释的："提出问题来问，多指教师对学生。"因此，教师在课堂提问的地位就非常重要。

教师提出问题后希望学生都能回答，而不是让学生哑口无言，但许多教师都经历过提出问题后学生无法回答或学生的回答不是教师心目中需要的答案的情况，除了学生的因素外，还与教师的提问有着密不可分的关系。课堂提问存在着很多的因素，从教师自身来看，有教师对提问的目的不明确，甚至想到哪儿就问到哪儿，还有的教师提问的切入点不恰当，在关键处、关联处等该提问的地方不问。为了提高课堂效率，教师在提问时就要避开这些因素。以下从五个方面来阐述让学生在问题的引导下获取知识的策略。

（一）提问的指向要明确

课堂提问是有计划的活动，因此教师在提问前必须对问题的目标、结果有清晰的认识，每提一个问题都有它的指向问题的准确表达直接关系到学生的思维方向，将影响师生的互动，也影响学生回答的质量。

例如，在讲解异分母分式相加减时，计算 −，教师问："这两个分式有什么特点？"这时学生的答案有很多种，但有些答案与题目无关，这就与教师在提问时指向不明确有关。如果教师在提问时就针对分母来问："组成式子的两个分式的分母一样吗？""分母不同的两个分式可以相加吗？为什么？"学生听了问题，就会目标明确，只关注分母，而不再去观察其他方面了。

如何才能让提问指向明确，这就要求教师钻研教材，弄清三维目标和教材编写的目的，自己加的习题或作业题的作用是什么，做到心中有数，在实际教学中才能有的放矢，还要认真预设，虽然说课堂是动态的课堂，课堂上的情况随时都在变，但只要教师做好充分的预设，就可以很好地对应，好的问题设置可以激活学生的思维，进而产生创造性思维。

（二）提问的内容要适度

课堂教学是围绕教学内容开展的，因此提问也要反映到内容上，但是课堂提问并不是越深越好。例如在讲不等式的时候扩展到一元二次不等式，将穿针引线的方法介绍给学生，这作为兴趣拓展是好的，但在课堂提问时就没有必要了。那么课堂提问就需要教师把握好度，什么时候扩展知识，什么时候加深难度，什么时候提高难度。例如，已知直线与直角坐标系的交点坐标是(1，3)，(2，5)，求直线解析式。这是一道最常见的求直线解析式的题目，如果这道题只到这里，就缺乏深度和广度了，这时可以追加两个问题："当 x 取何值时，y 的值是 9?""当 x 取何值时，y 的值大于 9？"第一个问题把一次函数与方程结合起来，第二个问题把函数与不等式结合在一起，这道题既加深了难度，又加深了广度，这样让学生的思维更上一级，理解知识之间是相互融合的，并不是孤立的，使得学生在学知识时找到知识的综合点，这样才不会局限于一个知识点上。

（三）提问的时机要恰当

提问的关键在于知识的诸多"点"上，这些"点"是思维产生碰撞、学习过程得以升华、新旧知识碰撞火花的起点。根据问题的难易掌握好知识点，在知识的重难点处、关键处、联系点等诸多"点"处适当加以引导，对学生的思维加以点拨，使学生更加明确知识的诸多点；对知识的纵横联系加以梳理，使学生所学的知识更加系统化，便于学生掌握。例如就如何说明四边形的内角和是 360° 这个问题展开如下对话。

师：同学们都知道三角形的内角和是 180°，那你们知道四边形的内角和是多少度吗？为什么？

生：360°，看我们的课本，四个角是 90°，那四边形的内角和就是 360°。

师：回答得非常好，你所说的四边形是特殊的四边形——长方形，大家知道长方形和正方形的内角和都是 360°，那我们就大胆猜测四边形的内角和都是 360°。这个结论是否正确，需要我们加以说明，那如何才能说明四边形的内角和是 360° 呢？处理复杂问题常用的方法是把未知转化为已知，通过已有知识探索新问题，那四边形的知识可以转化为什么知识来求解？

生：三角形。

师：回答得非常好，我们可以把四边形问题转化为三角形来处理。那转化的关键是什么？

生：需要做辅助线。

在以上案例中，通过教师一步步地深入提问，通过已有的知识——三角形内角和转化为四边形的内角和的求解，在新旧知识的联系点处设置问题，降低了学习知识的难度。

（四）提问的方式要灵活

数学课堂提问不是为了提问而提问，或流于形式，教师在课堂上呈现多种方式可以促进学生的思维，可以根据实际教学情况采用设置悬念、连续追问、链接问题等多种方式。凯勒的 ARCS 理论展示了这样的过程：在实际的教学中，为了激发学生的学习动机，首先要引起他对一次学习任务的注意和兴趣，再使他理解完成这项任务与他有关联性，接着要使他觉得自己有能力学好，从而产生信心，最后让他体验学习结果所带来的满足感。在课堂提问时利用悬念，可以引发学生的求知欲，将问题转变为一个个待解决的谜团，提高学生的参与性，让学生进入"心求通而未得"的境界。学生有了关注度，才可以促使学生去学习，形成学习的内动力，并由此体验成功的喜悦感。例如，用一个故事引入众数和中位数的教学。

刘老板有一个玩具厂，总经理 1 人，工作人员中有 6 个组长、15 个工人、4 名学徒。由于工作量增大，需要增加 1 名工人。小张去应聘，刘老板说："玩具厂的待遇很高,平均工资每月2000元。"一个月后，小张去找刘老板，问为什么自己只领到 1500 元工资，刘老板告诉他，平均工资就是 2000 元，可以看工资表（表 3-1）。

表 3-1 工资表

人员	总经理	组长	工人	学徒	合计
工资（元）	5000	3700	1500	575	—
人数	1	6	15	4	26
合计（元）	5000	22200	22500	2000	52000

请同学根据表 3-1 中的数据分析以下问题：

（1）小张应聘时刘老板是否欺骗了小张？

（2）平均工资 2000 元能客观地反映工人的平均工资吗？

（3）如果不能，你认为用什么工资反映比较合适？

在以上案例中，教师根据故事来引起学生感兴趣的问题，创造一种轻松、愉快的课堂气氛。把需要解决的课题有意识地以设置悬念的方式将学生引入数学的殿堂，巧妙地寓于各种各样符合学生实际的基础知识之中，在他们不会解决又急于想要学会解决方法的心理状态下，诱发学生的好奇心，调动学生的积极性，培养学生勇于探索、勤于思考的精神，从而为实现知识与能力目标创造条件。

（五）提问的对象要广泛

学生学习的外在自然环境与其内在的精神环境是一致的，平等的学习空间融合课堂教学环境营造出来的宽松、愉悦氛围，是学生最需要的外部空间。学生在宽松、快乐的学习氛围中，才能有有良好心态，思维才能更好地发散。如果教师没有给学生创造好的外部条件，就无法调动学生情绪高涨的内部状态，只能引起学生冷漠的心理状态。因此，教师要时刻把教学过程看成是与学生共同学习、互相帮助、共同进步的过程，充分给学生自尊与自信，与学生建立民主的关系，使学生的身心都处于兴奋状态，愉快地投入到课堂学习中。课堂提问要让学生身心愉悦，就要使提问的对象具有广泛性。广泛性有两层意思：一是每个学生的机会均等，二是不同层次的问题要面对不同思维水平的学生。这就要求教师充分地了解学生的兴趣、基础、爱好、思维水平、家庭因素、性格特征等基本情况，在进行教学设计时设置有针对性的问题。

当然，在教育教学中还有其他不同的提问方式，但不管采用何种方式，都是为教学服务的。从课堂、学生的实际情况出发，才能使课堂有效，从而提高课堂教学效果。

二、初中数学课堂有效反馈的策略

（一）对数学课堂有效反馈的认知

反馈，是控制论的重要概念，它指的是被操作物不仅按操作中心的指令活动，而且其本身的状态，还作为一种新的信号返回传入，使操纵中心对操作施以调节。课堂教学反馈，是特指在课堂教学过程中，教与学双方的各种信息的相互传递和相互作用，它的输出和回授、增强和减弱、顺应和调节都始终贯穿于课堂教学的整个过程。教与学主体双方信息传递和回授都是有选择、有差异、有能动作用的。从信息论的角度来看，整个教学课堂就是一个信息场，师生均处在教学信息场之中，整个教学过程就是信息流，信息的输出、传递、反馈、调节和再输出，不断交替。

美国心理学家加涅认为："学习的每一个动作，如果要完成，就需要反馈。"控制论的创始人维纳曾说"一个有效的行为必须通过某种反馈过程来取得信息，从而了解目的是否已经达到。"[①]有关的心理学研究表明，学生的心理和行为向预期目标发展，需要依赖反馈调节，教师有针对性地、及时地进行教学调整，学生

---

① 阙雪雅.浅谈数学课堂的有效反馈[J].时代教育（教育教学版），2009（1）：163–164.

积极参与自我评价等都可以很大程度改善学习进程。

教师作为教学过程的主导者，必须善于通过教学反馈将知识信息的系统输出转变为系统输入，促使教学适合学生的学习水平，使学生对知识的好奇心理和探求欲望能够在自己设置的情境中被激发出来，顺利地按照目标要求形成学生的思维活动，从而呈现以教师为主导、学生为主体的相互作用、辩证发展的教与学的最佳状态。

数学课堂有效反馈就是在数学教学活动中，教师根据实际情况，利用不同的反馈策略，获取最高效的教学效果，实现教学目标。

（二）课堂反馈的现状

随着课程改革的不断深入，教师对各种先进理念的学习，对教学手段的改进，使得课堂反馈的作用越来越明显。然而，由于教师对有效的课堂反馈缺乏系统全面的认识，导致数学课堂中出现了许多低效甚至无效的课堂反馈，具体表现如下。

（1）教师控制欲过强，预设要求过高。教师心中有"标准式"的答案需求，从而制约了学生的思维发展，课堂以"教"为中心，无法体现学生在学习过程中的"主体"地位。

例如某教师在教学有理数乘法（华东师大版数学七年级下册的内容）时有这样一个环节：在引导得出有理数相乘的符号法则（几个不为零的数相乘，积的符号由负因数的个数决定，当负因数的个数为奇数时，积为负；当负因数的个数为偶数时，积为正）后，练习计算：$(-1) \times 2 \times (-3) \times 1 \times (-1)$ 的值。

一名学生在板演时没有运用符号法则先确定符号，而是按照运算顺序从左到右依次计算，解答过程完全正确，但是这位教师的评价却是："同学们，大家看看XXX做的这道题，你们看他听课没有？可以看出他刚才根本没听，是不是应该先确定符号再计算啊？ XXX，你再说一下该如何计算？"直到同学充分"理解"到教师要什么答案才结束。

（2）肯定与表扬泛滥。太过于频繁的"口头禅"式的表扬降低了激励功效，失去了这些肯定性评价的积极作用。

（3）课堂反馈忽略了对学生心理感受方面的照顾，随意地给予评价，没有充分考虑到保护学生的自尊心、自信心等方面的因素。大量的研究表明，只有在学生的自尊心受到保护与鼓励的情况下，学生的认知才是最有效的。

（4）课堂反馈形式化，反馈不够具体，范围狭窄，反馈不够及时等问题层出不穷。

总之，就目前而言，还有很多教师对课堂反馈缺乏系统全面的认识，没有掌握利用有效课堂反馈提高课堂效率的方法。

（三）有效课堂反馈的特性

课堂反馈既是教学过程的重要环节，又是实施教学活动和完成教学任务的基本方式与重要手段。相关研究与实践表明，部分课堂反馈对教学不但没有起到促进作用，反而妨碍正常教学活动的顺利进行，这样的教学反馈低效甚至无效。只有同时具备准确性、针对性、制导性、激励性、适时性、多样性、交互性等特征的教学反馈才能对教与学起到应有的促进作用。因此。探讨与认识有效教学反馈的这些特征，对于搞好实际教学工作具有重要的实践意义。

（1）课堂反馈须具有准确性。课堂反馈的准确性是课堂反馈的基本特征，它要求反馈者和接受者发出的信息准确一致，信息传播渠道顺利畅通。

（2）课堂反馈须具有针对性。课堂反馈策略的选择要针对"教"与"学"的具体目标来具体实施，做到有的放矢。

（3）课堂反馈须具有制导性。教师应该根据课堂反馈的信息及时调整自己的行为，避免可能出现的教学偏差，同时学生也要根据获取的反馈信息去制止出现一些与学习无关的行为，保证学习顺利进行。

（4）课堂反馈须具有激励性。有效的教学反馈应该具有激励性。一是教师对照学生的学习状态，向学生传递评价、启发、指导等反馈信息，让学生受到激励；二是教师通过从学生处获得有关自己教学的积极反馈信息，激发自己的工作热情，从而使教与学相互促进，共同进步。

（5）课堂反馈须具有适时性。著名心理学家桑代克通过实验得出如下结论：在不了解学习结果的情况下，重复的次数与学习的结果无关[①]。由此可知，及时地对课堂活动做出反馈，是提高课堂效率的重要保证。反馈时机的把握对于反馈能取得怎样的效果起着至关重要的作用。

（6）课堂反馈须具有多样性。课堂反馈的形式多样，方法繁多，根据不同的目的、方式、特征等，可以有多种不同的分类方式。比如，根据信息反馈的主体可以分为教师反馈、学生反馈和同伴反馈几种，根据信息反馈的时间可以分为及时反馈和延时反馈两种。

（7）课堂反馈具有交互性。课堂教学反馈的交互性反映在多个层面上，它是师生之间，生生之间，师生与教材、媒体、教学手段之间的多向信息交互的过程，是优化教学过程、实现教学和谐统一的必备环节。

① 龚哲荣.变换反馈策略，倡导有效反馈 [J].数学大世界，2011（4）：50.

（四）有效课堂反馈的策略

（1）教师在备课的时候提前预设。对于学生在课堂上对知识的理解、技能的掌握、方法的运用等可能出现的问题进行预估，并有针对性地设计反馈策略，力争把问题解决在初发阶段，这样就能更好地发挥教师的主导作用。但同时要根据具体情况适时调整，不能被"预设"绑架，如果因为追求预设的结果而阻碍了学生思维的发展，则会得不偿失。

（2）教师在课堂中要善于观察，勤于捕捉。在整个教与学的互动过程中，教师要学会从学生的表情、眼神、动作中获取信息，从学生回答问题的过程中发现问题，并根据获得的信息及时调整教学行为。在这一过程中，教师要有针对性地运用多种反馈方法获取需要的反馈信息并及时矫正。例如，某教师在讲解相似三角形的判定时，提出了一个难度较小的问题（需要用到"如果两个三角形有两边对应成比例且这两边所夹的角相等，那么这两个三角形相似"来判定），当教师让学生甲回答时，该生回答错误，教师没有就此给出评价，而是让其同桌学生乙进行复述，当学生乙回答完后受到了同学们的否定，此时学生乙脸色通红，并且感到委屈。正当教师准备进行集体评讲的时候猛然发现了学生乙的表现，该教师马上又请同学乙按照自己的思路回答该问题。得到正确答案后，教师对其给予了肯定性评价（全班掌声鼓励），同时又询问了学生甲是否找出错误原因。这之后教师发现这组同学尤其是学生乙明显更加认真听课。由此可见，好的课堂反馈与矫正方式不仅能帮助学生解决学习问题，满足学生知识上的需求，更能保护学生的自尊心，增强学生的自信心，培养学生的学习兴趣。

（3）在学生练习时多巡视，观察交流。练习题的书写过程是学生暴露学习问题的过程。对于学生暴露出来的错误，教师不仅要指出其错误所在，还要正确分析产生错误的原因，指出应该怎样纠正错误，并在下次作业中有意安排类似的练习，让学生及时矫正。同时要正确利用学生展示出来的正确的和错误的两种资源，进行引导，帮助同学及时发现问题，找到改正错误的方法。

（4）提高教师课堂教学反馈的能力。要想提高课堂反馈的有效性，就要求教师将学生作为课堂的主体，充分体现学生的主体地位。教师在教学过程中要有教学敏感性，要注重培养自身抓住有效教学反馈的能力。教师要不断拓宽知识面，加强技能学习，提高课堂应变能力，灵活运用各种反馈形式，提高课堂效率。

总之，有效的课堂反馈能让学生的学习自信心倍增，学习的知识得到巩固，学习的能力得到提高，促进学生创造性人格的养成，能使学生及时了解自己的学习状况，有利于促使学生调整课堂学习方式，真正实现知识的自主构建，实现高效能课堂教学。

第四章 核心素养视域下初中数学教学与解题能力的培养

　　核心素养与数学解题教学的结合是新课程改革的重要要求,核心素养包含学习知识、技能、情感、态度、价值观等多方面的内涵,与教学的学习紧密相连。本章主要从初中数学教学评价的基本理念与主要内容、核心素养视域下初中数学教学策略与教学设计、核心素养视域下初中数学解题能力的培养三方面详细论述。

第一节 初中数学教学评价的基本理念与主要内容

学生知识的主要来源是课堂，其能力的培养和思想道德建设也与课堂息息相关，因此课堂教学的质量直接影响学生的素质。新课程改革之后，教师教学和学生学习的课程理念都有了很大程度的提升。在教师高标准严要求的教学方式下，学生能进行自我认知和自我完善，形成一种良性循环，提升学习能力。一、数学教学评价的基本理念

教学评价是参照某特定对象，按一定的标准对其进行价值评判的过程。这里的"标准"并非一个特定的概念，而是表现个人价值的参考条件。"标准"和教学方式之间有着千丝万缕的关系，"标准"的高低决定着教学水平，同样，教学方式也影响着"标准"。课堂教学评价是一种对教师及学生在课堂中的教学行为与学习行为做出的判断。它立足于课堂，基于一定的方式与标准，针对教师的教学过程及学生的学习效果做出评估，在教学管理和教学质量检测中起到了重要的作用。

新课程的基本理念已经成为了评价当代教师教学的依据，其在教师的教学思想理念上也有一定的影响，还关乎教师的教学方案设计和课堂教学方式选择。因此，明确新形势下指导课程评价的主要思想是最为重要的一个因素。《数学课程标准》指出："数

学教学是数学活动的教学，是师生之间、学生之间交往互动与共同发展的过程。"

教师的教学效果可以抽象为实际的教学理念、教学策略等，这些理论层面的东西外化成教学行为时，就能够表现出相应的成果。在此条件下，学生可以轻松的获得新知，并形成自主学习能力。在这个层面上，学生是课堂教学的中心，学生成绩是对教师教学成果最好的反馈。可以通过了解学生的学习过程获取评价，改进学习方式，也对教师改进教学方式有一定的帮助。学生的学习成果固然重要，但是影响成果的却是学习的过程，因此，要更加关注学习的过程，在学习过程中表现出来的情感和态度也要注重，这些都能够帮助学生建立正确的自我认知。

综上，应该在三个方面着手分析课堂教学的评价。

第一，受众对象应当是全体学生。社会发展的形式应当与人民的适应能力相匹配，这是提升群众素质最基本的条件之一。所以，一是要明确教学目标，只有处理好基础与发展之间的关系，才能提高学生的各项基础能力；二是因材施教，让每个学生体验到更优良的教学方式，使学生得到全面发展；三是要保持学生参与教学的时长，保证学生在必需的学习时间内拥有足够的学习机会。

第二，学生全面发展。在教学过程中，应提升学生的知识、情感与能力。传授知识时应向每个学生传达教学的基本概念、方法以及思想。锻炼能力的同时应重点提升学生的抽象数学能力、理解数学符号变换能力，掌握数学应用的能力，这样才可巩固数学基础，实现学生能力的提升。发展情感时，应让学生充分地参与到情感体验中来，增强学生学习的积极性与自信心。

第三，提高自主学习能力和自我发展能力。为了实现促进学生个人发展的目标，应在教育中关注对个人意识的培养及个人综合能力的锻炼。为此，应当首先考虑到学生的自身情况，将数学学科建设成为一个既可以容纳新知又可以构建新体系的基础学科。第二，要注意培养学生的自主学习能力，可以通过让学生参与到数学实践之中来慢慢培养这一能力。学生的自主学习可以帮助学生更快也更深入地了解学习内容，也能尽快找出自身的不足之处，进而提升自身能力。第三，要因材施教，根据不同学生的个性采取不同的教学方案，既能实现高效教学，又能发展学生自身的创新能力和个性。二、数学教学评价的主要内容

在课堂教学评价过程中，学生和教师始终是课堂教学的两大主体。课堂教学的内容涵盖多，包括教学的目标、教学的方式以及教学的过程和效果等。要想对课堂教学的分析和评价有全面的了解还需要从多个方面进行考察。（一）教学目标评价

教学目标是统领性的，是教学的出发点和归宿，所以课堂教学评价必须关注教师预定的目标及其实现情况。

1. 目标制定

在制定教学目标时应当遵循适宜、全面及具体三项原则。适宜指的是制定的教学目标需要符合学生的实际年龄、心理发展状况及认知水平。在提升学生数学基础知识的同时，关注学生的表达交流能力、应用能力、创新能力及探究能力。全面指的是教师根据课程目标制定知识与技能、情感与价值观、过程与方法三方面的教学内容，只有充分理解整体目标，才能把握各个阶段的目标。具体指的是根据学生数量和教学的实际内容，具体制定每堂课的目标，具体体现在授课表达的逻辑和知识内容的描述上。教师应当提前思考授课过程，列举出授课过程中思想传达、能力培养及

方法掌握的具体方法，使学生接受情感教育。为了突显先进的教学理念，教学的具体方法需要具备针对年段、年级和教学单元的层次性和可执行性。

2. 目标实现

在每一个授课环节，教师都应该设置一个明确的目标，这样长期准备下来，就能达成整体的教学目标；另外，教师要着重关注重点知识与技能方法在课堂中的吸收和强化，关注学生在理解知识的基础上是否已经达到了教学目标对学生提出的要求。

（二）教学内容的评价

教学目标、教学内容与教学方式是相辅相成的，教学内容决定了教学方法，而教学目标决定了教学内容。对教学内容进行评价时应注意以下几点。第一，教学内容应当与教学目标保持一致。第二，教学过程中传达的知识内容需保证准确。第三，教师不仅要关注知识点的传授，还要重视学生的学习态度、个人情感与价值观和能力。第四，教师是否从知识结构出发对教材内容做了深度加工，提出了新思路和新观点，把教材内容二次加工，重新解读，以激发学生的学习兴趣。第五，教师是否将传统教材作为唯一的辅导资料，是否结合学生日常生活经验，整合学生的各项能力与知识架构。应评者梳理教材中的知识点，归纳出有效知识点，把学科教学推向更大的发展空间。同时，为了使教学更具条理性和系统性，应关注教师对于教材所蕴含的深刻道理的理解，教师还要利用课堂表达自己对于教材内容的理解。第六，应评价教师每堂课的教学内容量。若教学知识量过多，会导致学生由于精力不足出现无法消化的问题；相反，若教学知识量过少，学生在学习过程中处于"饥饿"状态，也会降低效率，同时让学生养成惰性思维。所以，知识量的多少可以看出授课教学目标的实现情况，合理科学的教学方法有助于学生能力和知识的提升，达到教学的适度平衡。

随着新课改要求的推行，新教材有了较大程度的改进。改进后的新教材不仅加入了符合新时代要求的内容和信息，还将学生的素质教育提升到重要地位，使教材的教育性和可学性大幅度提升。由此，教师需要注意教学内容与新版教材的内容是否相互对应，教学内容应源于教师对课程重点、教材内容与实际应用的结合。教师应更加准确地掌握教学的关键点与困难点，在教学内容的处理上更加重视对数学思考方式的培养，还要关注数学运用和本学科与其他学科之间的关联。

（三）教学方法和手段的评价

教学有一定的方式，这个方式并非是确定的，但是方式决定着教学的质量。教学的方法并没有优劣之分，最主要是看学生的接受程度，是否有助于学生提高能力、是否对于教学成果有一定的帮助。教学方式的选择受教学目标的影响，但是对于不同的教学方式和教学对象适用的方法也不同，因此，教师在课堂教学之中要因材施教，根据具体情况来看，教师在课堂教学中应当注意以下几个方面：

第一，应当关注教学方式的组合是否合适，教师制定的目标与教学内容应当和教学方式相匹配。

第二，应当注意教学方式的选择是否是基于学生的能力和智力。要注意教学活动与教学方式合理的结合，情感和智力的配合，使教学方式达到最优化。第三，教学过程是否灵活运用多种方法，使学生更大程度地参与其中。

第四，应关注非智力因素，即学生的情感、性格与兴趣等对教学产生的影响，使教学方法更加独特。关注教师是否依据学生的认知能力和教材内容、参考学生的学习方法和知识的掌握情况来选择合适的教学手段及方法，是否充分调动了学生学习的主动性，提升学习兴趣。

第五，教师是否运用了适合新教材特征的教学方式，对新教材的使用是否能够体现以说理、启发、讨论和实践为主要内容的新式教学方式。

理论与实践的学习需要在探索图形性质与合作交流的过程中，形成合情推理的能力，以有条理性地表达与思考。

（四）教学过程评价

教学由多个环节构成，这些环节按照一定的顺序逐步展开。结合初中生对知识的接受能力以及课堂教学的规律，初中数学教学可分为五个步骤：一是复习铺垫，二是情境引入，三是探求新知，四是落实巩固，五是课堂小结。

对于课堂教学评价，最重要的衡量指标是教学内容的安排是否合理。在评价的过程中，要主要关注以下三个方面。一是教学环节的安排是否合理，即不同环节分别占用多少时间，这样的时间分配是否合适；二是教学效果，重点、难点问题是否讲解透彻，学生在课堂上是否发挥了主观能动性，由知识的被动接受者，转变为主动探索者；三是不同环节是否能够自然过渡，教学过程是否流畅。

下面就谈谈这五个课堂教学环节的具体评价。

1.复习铺垫评价

学生对于新知识的接受是在旧知识的理解基础上的，旧知转化为新知，通过复习旧知识对于新学的知识采取相应的反馈，同时加强新旧知识之间的联系，激发学生的求知欲，启发学生思考，激发学生探求新知的兴趣。2. 情境引入评价

学生的数学学习内容应当是现实的、有意义的。在教学实践过程中，教材中有些引入材料可以直接在课堂上使用，但有些材料要根据教学要求和学生的实际情况有选择地使用，最好能够根据学生的兴趣，开发更丰富的情境材料。教师在引入情境时，应该充分考量学生的接受能力，使其与他们的兴奋点相契合，形式多样、丰富，这样才能使课堂的氛围更加活跃，互动性更强。为实现上述目标，可以从以下三个方面对情境引入进行评价。一是是否为学习内容提供了生长点；二是是否能够激发学生的求知欲；三是是否起到了知识承接的作用，可以为新知识作铺垫。

3. 探求新知评价

数学教学不应是一个让学生被动接受知识的过程，而应是一个富有趣味性、学生主动参与的过程。动手实践、讨论交流都应被作为学习数学知识的重要手段。因此，在数学教学的过程中，教师要给学生创造交流互动的平台，培养学生的求知欲，让他们养成主动探索的习惯，促使他们主动寻求问题的答案，在探索的过程中深入掌握数学知识，理解数学思想，同时在实践过程中，积累更多数学活动经验。由此，以数学活动的根本目的为出发点，可以针对以下四个方面对数学活动进行评价。

第一，课堂教学活动的知识载体选择是否恰当，活动内容是否具有研究价值，是否能引发学生的数学思考。根据 7～9 年级的知识体系，不同版本的教材在教学内容的编排顺序上有一定差别，但是对于具体知识的呈现都体现出研究性的特征。教材中大

多设置了丰富多彩的栏目,如《阅读材料》《你知道吗》《试一试》《想一想》《读一读》"做一做"《思考》等栏目。以这些栏目为"路标",教师可以给学生设置多样化的学习活动,引导学生充分参与课堂教学。

第二,教学活动是否为学生提供了更广阔的参与空间,是否能够激发学习兴趣,能够让学生积极主动地参与到观察、实验、计算等活动中。

第三,在教学活动中,教师起着非常重要的作用,教师的讲解内容是否能够引发学生的思考,教师的指导是否结合了学生自身的特点,教师是否能够使教学活动有序进行。

第四,教学活动是否能够引导学生进一步思考,是否能够起到举一反三、总结提炼的作用。

4.落实巩固评价

课堂巩固练习不仅是对学生的要求,还是评估学生学习效果的重要手段,它是教学活动中不可或缺的环节之一。在教师教授环节结束后,教师给学生布置相应的练习,不仅能够使学生巩固学到的知识,提高学生思维能力,还能让教师掌握学生的学习状况。对课堂练习的评价应该从以下三个方面展开。

第一,练习题目的针对性。课堂练习是学生学习效果的反馈过程,通过课堂练习,教师能够了解学生对知识的理解程度。因此,练习题目的内容应该以教学目标为依据,合理安排不同难易程度的题目,使学生能够进行具有针对性的练习,从而有效区分出学生已经掌握和需要进一步理解的知识点。

第二,练习题目的数量和难度。课堂上留给学生做题、思考的时间非常有限,因此巩固练习是课堂教学中的重要环节,要让学生在有限的时间内实现巩固知识的目标，需要合理控制习题的数量以及难度。题目数量不宜过多，只需让学生理解所讲内容即可。同理，习题的难度也应该适中，难度太大，会降低学生的学习热情，打击他们的自信心，难度太小，又会让他们觉得缺少挑战性。

第三，练习题目对思维能力提升的作用。课堂练习应该起到训练学生思维能力的作用，让学生打开思路，从不同角度分析问题，从多个途径寻找答案，进而使学生的思路更加开阔，思维品质有所提升，创造性思维得到培养。通过一道题目的多种解答方式，让学生学会多角度思考问题，调动他们探索问题的积极性，同时，通过不同方法的对比，让他们学会选择更适当的方法。

5. 课堂小结评价

课堂小结是课堂教学中非常重要的环节，对于知识的理解以及吸收具有重要作用。当教师的新知识讲授完毕后，应留出一部分时间对所讲内容进行总结和归纳，提升知识的系统性，这能使学生更好地把握知识之间的关系，有助于学生对知识的理解、转化以及升华。在这个过程中，可以采取多种形式使课堂小结的效果更好，比如设置疑问以及留下悬念等。

（五）教学效果评价

新的教学理念主要体现在以学生为本，一切为了学生，高度重视学生发展，高度尊重学生，充分依靠学生。在这种理念的指导下，教学效果评价演变成了对学生上课状态的评价，通过学生状态判断教师的教学效果，一是参与状态；二是交流状态；三是达成状态。

1. 学生参与状态评价

好的课堂氛围需要教师和学生共同营造。教师应该结合讲授内容，丰富课堂情景，让学生体验到学习的乐趣，激发学生的积极性，让所有学生参与到课程环节中，共同营造良好的课堂氛围。同时，课堂上应该允许不同声音的出现，有争论才有收获，有思维的碰撞才有更开阔的思路，让学生既体会到学习的快乐，又能促进心智的发展。

（1）多样性。学生应能通过多种形式参与教学活动，如师生谈话、合作交流、动手实践、自主探究等。

（2）广泛性。学生应能投入地参与数学教学的全过程，使每一位学生都有参与教学活动的机会。

（3）深刻性。学生在参与教学活动中能够进行深层次的思考和交流。

2. 学生交流状态评价

课堂教学应该给予学生更多的交流时间，营造合作的良好氛围，从这个角度讲，优秀的课堂教学的评判标准主要有三个方面，一是教师在课堂上是否能够为学生创造多元化的交流方式，即学生与教师之间、学生之间以及媒体之间是否构成了立体的交流结构；二是教师是否营造了良好的合作氛围，学生交往、合作的意愿是否强烈，积极性如何，学生在合作的过程中是否懂得尊重他人，能够积极发现别人的长处，互相学习，共同进步。

3. 学生达成状态评价

新教材对教师授课提出了更高的要求，不仅要让学生掌握知识，还要能促进学生发展。由此，课堂教学的评价标准也发生了改变，不仅要考查知识效率的掌握情况，也要考查学生素质能力的提升情况。在传统评价中，知识目标的实现效果是唯一的评判标准，未考虑学生能力素质的提高，至今，仍有教师不赞同新的教学方式，只关注知识目标是否实现。教师应该同时关注学生的学习效果以及素质能力的提高情况，不能顾此失彼。在课堂评价中对于学生学习目标的实现情况，应主要关注以下几个方面。[①]

第一，学生是否能够有基本知识和技能并应用所学解决实际生活中的问题，然后将所学的知识与原有的知识相融合。

第二，学生是否可以独立思维，深刻掌握知识，并将理论运用到实践中去，在实践中发现自身的不足，并进行自检和改正。

第三，学生能否观察各个方面的问题，擅于提出问题，打破思维定式，灵活应用所学知识。

第四，学生是否可以把所想和探究的理论应用于新的思想建设，进一步探索新的方向。根据评价内容和对象的不同，评价方法也具有多样性，评价目的也具有多元性，这主要集中在两个方面：一是了解学生学习的过程以及效果；二是根据学生的反馈，提高教师的教学水平。在数学学习评价的过程中，不仅要关注学习效果，还要注重学生的学习过程；不仅要关注学习能力，还要重视学生在学习过程中展现的情感态度，使他们在学习过程中了解自我，逐步培养自信心。

（六）教学评价要领

1.科学的评价方法

由于地域差异、年级和评价目的的不同，数学课堂评价没有统一的标准可循，尽管如此，评价的主要因素却基本上是相通的，评价方法一般包括以下三种。

第一，综合分析法。首先关注整个教学过程的安排，总共分为几个环节；然后由整体到局部，逐一分析每个环节；最后再回

① 王志平.核心素养视角下初中数学教学策略研究[J].山东师范大学，2018：34-47.

到整体，归纳连接不同环节的教学内容。

第二，单项分析法，即选择一个或几个角度对课程进行评价。与综合分析法不同，这种评价方式专注于课堂教学的细节，评价者可以抓住最感兴趣的内容来进行分析和评价。

第三，特色分析法。这种评价方法要求评价人能够找到教师特有的教学风格，或者在教学过程中的某种特点，这可能是他的成功之处，可能是他在授课方面的创新之处，也可能是他有待提升的地方。因而，评价者要善于观察，发现、总结教师的讲课风格，以提升评价质量。

2. 多样的评价形式

常见的评价形式包括以下三种。

第一，自评，即教师的自我评价。根据教学设计思路，以及课堂上的授课表现，教师即使进行自省这一方式能够达到自我反思、逐步提高的效果。

第二，师评。授课教师对教案设计的思路、教材的理解、想要达到的教学效果进行阐述。教师们结合实际听课情况、授课教师的阐述，各抒己见，充分交流各自观点。有基于此，评价教师要总结出值得借鉴学习的授课经验，让其他教师学有所获，同时需要明确指出授课教师存在的问题，并给出改进建议，这有助于授课教师提高教学水平。这种评价方式的组织形式较为多样，既可以采用问答形式，也可以采用小组讨论的方式，通过交流让教师获得更多灵感。

第三，生评，即学生对教师的评价。这种方式不仅体现了教学的民主性，也能够增强教师与学生的互动，有助于促进师生感情。教师既可以通过了解学生的学习效果间接得到学生的反馈，也可以让学生直接表达自己的观点。

3.真实的评价内容

评价要始终秉承实事求是的理念，以理论为依据，不掺杂私人感情，不带个人偏见，用事实说话，确保得到公正、客观的评价。因此，评价者在评价过程中，应以事实为依据，即评价应以收集、分析评价证据为前提。评价证据的收集需要从以下五个方面着手。一是多观察，仔细观察课堂上教师和学生的行为；二是多展示过程，即教师和学生采取何种方式教学；三是多倾听，即听学生和教师分别说了什么；四是多统计，比如教师提问次数；五是多计时，在不同的教授环节中，教师分别花了多少时间。正确的评价不仅能够对教学过程中存在的问题进行中肯的分析，也能够使教师的优势得到认可，有利于提升课堂质量，促使教师讲课水平提高。

听课、分析课是课堂教学评价的主要环节，这项工作的有效推进对于推动教学发展具有相当重要的作用。课堂教学的发展需要以不断提高教学水平为基础，这需要课堂教学评价的不断科学化和规范化。随着新课改的推进，教学评价必将发挥更大的作用，教育领域对其的重视程度也将越来越高。

第二节　核心素养视域下初中数学教学策略与教学设计

一、核心素养视域下初中数学教学策略

（一）情景教学策略

在传授数学知识的过程中让学生了解数学和现实生活的联系。

在和学生的交流中发现，大多数同学觉得目前所学习的数学知识和现实生活的联系不大，甚至没有联系，维持一个个体的生存和发展，只需要掌握初中之前的数学知识即可。这种错误观点违背了从学前教育到高等教育始终设置数学这一门课程的初衷。在和教师的交谈过程中得知，开展课堂教学时不容易将真实的、未做任何简化的内容安插进教育教学过程中。培养数学思维可以促进学生数学建模、数学抽象等素养的养成。在数学思维的培养上，应突破之前单一指导性开展教学的方法，将关注点更多地放在数学情景教学策略上。

情景教学策略，即在应用知识的具体情景中开展知识教学。它是人们将现实世界的实际问题简化、加工后，同其他自然学科一样将数学学科与现实生活相联系的一种方法。这种策略下的教学环境和实际环境差别不大。在开展情景教学时，教师不以"先行组织者"的角色为学生讲解知识，而应该直接给予学生现实问题，要解决这些问题必须借助多门学科知识，这样可以让学生在解决问题的同时"举一反三"，实现学科的交叉性学习，教师要让学生像现实中的专家解决问题那样不断探索，在反复求证中解决问题。在解决问题的过程中学生会主动地学习与问题相关的原理和概念，并将它们和具体问题相结合，简单来说，学习的结果体现在问题的解决过程中，而问题的解决也加深了学生对知识的理解。在问题解决后，教师要对学生在解决问题过程中了解到的知识展开系统讲解，让学生的知识架构更完善，还要指出学生在上述过程中的不足之处，传授他们正确的处理办法。①

开展情景教学策略的初衷是让学生用数学的眼光看待问题，

① 苏祖宙. 初中数学教学在核心素养视域下的高效课堂构建 [J]. 数学学习与研究，2018（16）：42.

用数学知识解决现实问题，使复杂的现实问题简单化、条理化。为了实现这一目标，教师要具备数学眼光，不管是在教学上，还是生活中，教师要关注现实生活和数学的联系，用数学的眼光看待身边的事物，并和学生一起分享体验；课堂教学时应将生活和知识相结合，用生活中的实际案例为学生举例。在这样的教学过程中，学生既能加深对数学知识的理解，也能将数学知识灵活地应用到现实问题中。

在现实生活中，与上述策略相类似的就是天气预报。冬季时，天气预报播报人员解说某一城市天气预报时，都会说："某城市气温在 -9℃—5℃ 之间，或者说最高气温 5℃，最低气温 -9℃"一天内气温变化在零下到零上，那么必然有某一时刻气温是在 0℃，见表 4-1[①]。

表 4-1 某城市一天内的气温变化

时刻	08:00	11:00	14:00	17:00	20:00	23:00	02:00
温度	-4℃	1℃	5℃	2℃	-4℃	-6℃	-9℃

在运用情景教学的过程中，首先向学生们呈现天气的一天内变化，并让同学们画出一天内天气的变化曲线，天气的变化可能不是线性的，但一定是连续的，数字虽然是间断的，但是一天内的气温变化确是连续的，以此为原型抽象出函数的连续性，将气温变化抽象成数学的函数模型；从 -9℃ 到 5℃，气温必然会经历"零摄氏度"这一时刻，由此学习函数零点的概念。

（二）个性化教学策略

通过问卷分析学生的数学思维有所欠缺。大多数学生不重视数学思维的培养，他们觉得学习数学的最终目的是解决数学问题，

① 　　王志平. 核心素养视角下初中数学教学策略研究[J]. 山东师范大学，2018：34-47.

因此只要达到目的即可，数学思维无关紧要。这是一种错误的认识，数学思维包括逻辑抽象思维、理论思维、分析思维等多种思维能力，在解决问题的过程中或多或少都会应用到这些思维，由此可见，数学思维是极其重要的。为了提高学生的数学思维能力，教师在开展课堂教学时，应从学生的个性特点出发，选择恰当的学习内容，让各个层次的同学都得到相应的锻炼，在不断提高学生融入度、深入挖掘学生潜能的过程中，提高学生的数学思维能力。

在教学中开展个性化教学，应在保证班级授课制的前提下最大限度地满足学生的个性发展要求，比如：①在培养学生数学核心素养的问题上，应特别关注学生的个人水平和学习速度；②在采取"冯兴华教学策略"时，教学活动应始终遵循"小步子""学生积极反应""教师及时强化"等原则。此外，当遇到结构欠妥的问题时，应引导学生利用创造性思维解决问题。

在教学中开展个性化教学，应有针对地提高问题难度采取带有启发性的提问方法，选择恰当的讨论话题，对学生展开有针对性的指导，以增强学生的思维品质，提高学生运用数学思维的能力。此外，头脑风暴法也是一个培养学生思维的不错选择。

为在教学中开展个性化教学，教师应该把关注点更多地放在学生的思维品质上，尤其是数学的思维品质。数学的思维品质，是指学生在进行数学思维时所具有的特征和特点，主要包括灵活性、创造性、深刻性、目的性、语言文字的简明性、开阔性、论证性等，其中灵活性、开阔性、深刻性等特点在其他学科的思维品质中同样存在，因此在开展数学教学时，应注意同其他学科的联系，全面培养学生的思维能力。

在教学中开展个性化教学，在学生数学思维的评价方面，切忌只关注学生的对错、计算速度，应将关注点更多地放在学生的思维深度、思维广度、思维灵活性等方面。此外，教学中涉及的题目要具有开放性，考查不应以学生的思维结果为主，而要将关注点更多地放在学生的思维过程上，突出对学生思维过程评价的重要性。

（三）示范—模仿教学策略

调查表明：学生的数学语言表达能力普遍低下，甚至有相当一部分人觉得数学语言没有什么用处，因此常有"会做题，不会讲题"的情况。数学思维是在数学语言的影响之下产生的，数学的交流也可以通过数学的学习来实现。数学课程在数学语言表达方面有所涉及，其中包括应用数学语言表达现实世界，能通过数学语言的指导下发现和解决问题。因为数学本身是个抽象的学科，且数学语言也不受教师的重视，这些都对学生的数学语言表达能力有所影响。

示范—模仿教学，这种教学模式利用了学生自身的发展性和向师性特征，使其能够模仿教师使用的数学语言。教师对于教学示范要有一定的目的性，这样的教学能引起学生的模仿，进一步内化为自身的数学表达能力，其主要的步骤是：定向（明确教学目标）—参与性练习—自主练习—迁移（熟练掌握）。

在这一教学过程中，数学语言的关键句是很重要的一部分，因此推敲数学语言也是十分有意义的。在数学语言中，每一个词都有其特定的含义和特殊的用法，值得我们去仔细的推敲和掌握。例如，等腰三角形的判定定理：如果一个三角形有两个角相等，那么这两个角所对的边也相等，其中的关键词是两角、所对边、相等，即等角对等边。教师所要强调的内容是：证明相等的边一定要为角所对应的边，这样更有利于学生理解"等角对等边"的概念。在示范—模仿教学过程中，要善于推敲数学叙述语言的关键句。数学叙事语言中的每一个词和词都有其特定的含义，因此有必要对语言的要点进行研究和把握。例如，等腰三角形的判定定理"如果一个三角形有两个角相等，那么这两个角所对的边也相等"中的关键词是两角、所对边、相等，即等角对等边。在教学过程中，教师要强调：边为角所对的边，这样就加深了学生对"等角对等边"的理解。

在开展示范—模仿教学时，教师可以对原型、模型、图形、符号四者进行变换（数学原型转变为数学模型，数学模型转变为数学图形，数学图形转变为数学符号），让复杂的问题简单化。比如，在学习立方体三视图时，由于学生之前没有接触过此类空间图形的平面视觉图形，直接教学的难度较大。此时，可以借助数学道具——长方体，对长方体进行折叠、组装、拆分，让学生清晰看到它由几个面构成、视图的画法、平面表示方式等。在这个过程中，教师要对学生的画图工具作明确规定，并具体讲解描绘直观图的具体步骤，要注意将讲解和实践结合起来，在提高学生操作能力的同时，加深学生对立方体的理解。

（四）直观教学策略

在学生直观想象能力的培养中，教师应在现有教学资源和教学媒体的基础上，借助直观教学的模式不断提高学生的直观想象能力和抽象模型能力。

在直观教学模式中，教师要合理选择教学资源，让学生在学习的过程中切身体会原型或模型的立体感。例如在方位角概念的教学中，可以让学生关注自己和身边同学的位置，让学生置身于真实环境下，从而更好地理解方位角以及方向角之间的区别和联系。与此同时，可以使用"卫星定位图"模型来帮助学生掌握位置概念，增强想象力。除了教学资源的选择外，还可以从直观想象角度入手，以土木工程专业为例，把头脑中工程图的三维结构图转换为二维结构图，或把二维结构图转换为三维结构图。在开展直观教学时，教师可以在实践课上带领学生参观相关工地，这样做的好处在于：①提高了学生的学习热情，增加了科目吸引力；②让学生深入了解相关行业，方便学生日后进行专业选择；③提供学生和工程师交流的机会，让他们在了解三维变二维、二维变三维方法的同时，不断提高应用直观想象解决实际问题的能力。

在直观教学模式中，教师必须培养学生的立体化知识。学生自幼学习数学，为何没有立体感，没有直观想象、抽象、逻辑推理的能力？教师难辞其咎。比如，在学生学习解答应用题时，教师应该帮助学生形成"模型思维"。

在直观教学模式中，要注意提高学生的积极性和重视度，在学生注意力高度集中的情况下才能更高效地开展教学工作。为实现这一目标，教师在选取直观教学的教学资源时要多加考虑，不能让学生对"模型"的兴趣高于教学内容，否则他们会把关注点更多地放在模型本身，从而忽视这个模型所代表的知识原理、方法与价值观。

（五）问题—互动教学策略

数学核心素养不止包括一种素养，也不是几个素养的简单相加或相乘，它是多种素养的综合。问题—互动式教学策略的核心是发现问题、解决问题，在互动交流中博采众长，深入挖掘学生的思维潜力、创造力，有效增强学生的数学核心素养。

在问题—互动式教学模式中，问题的提出要能够激发学生深入了解数学的相关知识，在整个教学过程中，教师要注重同学生的互动，不断培养学生的发散思维、创造力思维、辩证思维，提高学生举一反三的能力。

二、核心素养视域下初中数学教学设计

（一）教学设计原则

核心素养视角下初中数学教学设计应以"充分发挥学生的主观能动性"为核心。在对教学策略进行选择时，要明确教师只是一个指导者的角色，真正的主体是学生，只有在保证学生主体性的前提下，才能让学生在学习期间充分发挥自身的潜能，根据个人兴趣选择对应知识。发挥学生的主观能动性，有利于增强学生的自信心，激发他们的学习兴趣，提高他们的学习效率。

核心素养视角下初中数学教学设计要具有"数学"的学科特色。数学和别的学科不同，它具有高度的抽象性，这也是它的标志，因此在开展数学教学设计时不可忽略这一特点。此外，要以学生的直接经验为基础，根据各地具体情况，选取适宜方法，但这不代表全部的数学教学都可以使用直观教学方式，用错方法不仅会让教学适得其反，还会破坏新旧知识的衔接。

核心素养视角下初中数学教学设计要充分考虑到学生的个体差异性，让每个学生都融入教学活动中。数学属于理科学科，学生的个体差异较大，只有在教学设计上勤思苦寻，才能让每个学生都尽可能地融入到教学中去，才能在完成教学任务的前提下关注到每位学生，看到他们的闪光点。

核心素养视角下初中数学教学设计要充分考虑到学生原有的知识基础。数学学习讲求衔接性，例如在学习三角函数图象时，

需要使用之前学过的函数的多个性质（对称性、周期性、单调性等）相关知识。由此可见，原有的知识基础对于数学学习十分重要。只有充分了解学生对原有知识的掌握程度，才能看到他们的"最近发展区"，才能有针对地对其开展教育，例如如果学生的"运算"弱，就要着重提高他们的数学运算能力；学生的"空间几何"弱，就着重训练他们的抽象思维；学生的"数理统计"弱，就着重提高他们的数据分析能力等，对学生开展有针对性的学习，学习效率会大幅提高。

核心素养视角下初中数学教学设计要循序渐进，切忌以"大满贯"的标准来评价学生。学生的身心发展有顺序性，教学设计要按照一定的步骤逐步深入，不能把"学生学习知识"当成评价学生的标准，要树立"形成性"评价意识。数学教学活动最重要的不是传授知识，而是提高学生的数学核心素养。教师要让学生在学习基础知识的同时，把知识建构成一定的素养，充分挖掘学生的素养潜质，提高学生相关方面的能力，促使学生得到更好的发展。

（二）教学设计案例

此处以"相似三角形的判定"为例进行阐述。

1. 教学设计目标

（1）知识目标。理解相似三角形的判定性质——平行线分线段成比例，并会灵活运用。

（2）过程目标。通过对定理的认识与应用，培养学生识图、看图以及逻辑思维能力。

（3）情感与价值观目标。培养学生学会理论联系实际，善于应用数学思维解决问题的能力与习惯；在教学过程中引导学生形成热爱钻研数学，善于用数学的眼光发现问题，形成正确的世界观与价值观。

2. 教学设计重难点

（1）教学重点。平行线分线段成比例定理和推论及其应用。

（2）教学难点。平行线分线段成比例定理及推论的应用及变式。

3. 教学设计过程

此案例共设计五个教学环节，第一环节：复习并设疑，引入新课；第二环节：讲授新课；第三环节：新知识的应用；第四环节：小结；第五环节：布置作业。

第三节 核心素养视域下初中数学课堂教学中学生问题意识的培养

我国在教育改革后，越来越重视学生对数学核心素养的培养。培养学生的问题意识有助于学生发现问题、提出问题并解决问题，从而提高学生主动学习的能力。核心素养观视域下初中数学课堂问题意识的培养，可以有效提升数学教学效果。

一、学生问题意识的现状

学生在成长的过程中以及为了满足社会生存条件必须具有的品质以及综合能力等就是文中所提的综合素养，数学领域中的素养指的是超越其理论与技能等方面的素养，数学知识的掌握能够体现出全面性以及长期性的特点，在数学知识掌握的过程中质疑声音起到了关键作用，只有发出质疑才能有目的地解决困难，将早期的被动状态转化为现在的主动状态，这不仅降低了教师的负重而且提高了教师的教学能力。

现如今在数学科目的教学过程中，学生们习惯以教师为课堂主导者，听从教师的指挥，大部分学生在学习的过程是一种被动学习状态，从未出现过质疑声音。

二、学生问题意识的培养途径

（一）创造良好的课堂氛围

在教学过程中，教师应该为学生们营造轻松愉悦的环境进而增加学习动力，给予学生自由讨论的时间或者主动询问学生们的掌握情况。第一，在知识讲解完成之后及时为向学生们提供开放式提问的机会；第二，选取几名学生给予回应，增强学生们对这个环节的参与度；第三，教师评价整个过程的实施情况，重新温故问题中所涉及的内容并给予详细指导，不正确的地方立刻修改，支持赞扬学生们的主动性与勇气。培养学生们各方面的能力，尤其是独立解决问题的能力，增强学生们的求知欲以及探索欲等，进而促进学生们透彻全面地掌握理论内容，真正做到融会贯通。

（二）创造新颖的课堂情境

处于新时期的学生不仅头脑灵活机智，而且对新事物的好奇心非常强烈，教师要根据学生们的特征有目的地进行培养。在教学过程中，为学生营造一个能够促进学习动力的氛围，把理论与实践相融合，降低问题的复杂程度，进而增强学生们的内在动力，比如在掌握椎体的知识结构时，教师应该帮助学生建立起相应的知识体系，使学生快速掌握椎体知识以及在现实生活中的应用。在掌握图形知识的过程中，教师应该详细阐述图形边长的联系和显而易见的外在特征，进而得出相关知识。例如，图形存在的隐藏特征以及各个角度之间的相关性，再结合客观存在的图形的外在特点来强化对图形的认知与理解。指导学生运用现实存在的事物提高自己的记忆和掌握水平，遇到困难勇于面对、解决，有目的地激发自身的潜能、提高创新力。

（三）运用谈话法进行教学

谈话法是针对知识点以及学生的能力和掌握的程度创作的开放式方式，选取这种方式能够激发他们主动进行分析，如果将这种方式与教学相结合，可以增强师生的交流频率以及提高两者之间的亲密度，进而实现信息可逆性的传播。比如，在掌握函数知识的过程中，教师提供相关信息，学生们根据信息发掘问题之间的联系，如果遇到无法选取公式的情况，教师要立刻分析和归纳信息之间的联系，阐述和函数有一定联系的知识，使学生掌握所学内容。

在教学过程中，教师要着重关注学生们的质疑，质疑的产生对知识的掌握而言是不可或缺的一部分，要有目的地引导学生们表达质疑，营造轻松和谐的学习环境，支持学生们积极向教师询问，养成独立思考的习惯。学生们理解、掌握知识，不仅使得自身的数学水平进一步提高，也有助于减轻教师的负担。

第四节　核心素养视域下初中数学解题能力的培养

通过初中生数学解题能力的调查分析，初中生在解题方式上存在一系列的问题，只有解决这些问题之后才能提高文化基础，帮助提升初中生的数学解题能力。

一、创新教学方式

文化基础最根本的就是初中数学教学的核心素养，在此角度下，数学教学与课本和课堂息息相关，所以培养初中生的数学解题能力，应该紧抓课堂和教材两个方面，并结合学校自主研发课程，提高数学的教学效率。课堂的主体是学生，老师在教学中起到一定的推动作用。（一）突出主体，尊重个体

不论是课堂教学还是平时生活中的教育，都要注重对学生的自立自强能力的培养，激发学生的求知欲望，在训练过程中，调动学生的积极性，突出他们的性格特点，最重要的是确保学生能够将在课堂上掌握的理论知识应用到实践中。与此同时，教师应该提高教学形式的多样性，训练以及提高学生的逻辑能力，形成多元化且富有个性的教学模式，学生在解决问题的过程中即满足了自己的好奇心，又感受到成就带来的高峰体验。

在课堂上讲解新理论的过程中，大部分教师都是从已知内容出发，进行新旧对照，尝试创建解决新问题的方法，进而使学生顺利的掌握新的学习内容。指导学习能力较低的学生强化记忆，修正不正确的地方，查漏补缺，为他们提供良好的学习环境，进而增强学习的内在动力。在教学的过程中，学生应该被给予更多的尊重与选择，促进新旧知识相互作用发挥重要的功能。

（二）善于课堂提问

在教学过程中提问环节的问题大多由教师提前准备，按照掌握知识、理论的程度进行分析，有意识地创建提问环节，这个环节所涉及的问题大部分是重点内容，教师应做到层次分明、由简到难地创建问题。提问这一环节有助于锻炼和提高学生的数学水平。现如今教学改革正在执行过程中，早期的教学思想跟不上现

阶段教育成长的步伐，在数学理论知识的讲解中，最重要的是改变一成不变的教学体制，带有选择性地增强学生的内在动力，采取有效的方法帮助他们增强自信。提问这个环节既能够增强学生的内在动力，还能够提高学生的数学水平。在具备综合素养的情况下，不管提问方式如何都能够促进学生与教师之间的关系，增加两者之间的亲密度，改变早期课堂死气沉沉的现象，学生能够在一个充满尊重公平以及关爱的环境中成长，通常而言，提问是充满乐趣而绝不是紧张严肃的，这也是现今教育发展中最为重要的特征。

教学过程中所提出的问题要具有一定意义，特别是能够起到提高学生水平的作用，选取开放式方式能够提高学生的专注力，积极思考分析的能力，进而获得新的理论技能、增强内在动力。

二、纠正教学偏见

初中的数学理论知识是国家规定的必习科目，无论是教育的协调成长还是提高学生的数学水平都需要教师的指引和帮助，切忌区别对待每个学生，对于学习力较低的学生更应该给予更多的关爱与帮助，使学生平衡成长，避免学生之间成长落差太大，在每堂课快要结束之前，教师可以给予学生自由分享与交流的时间，通过这种形式促使学生自主的发现问题并解决问题，从中获取准确的成果，或者教师参与到学生的讨论之中，积极与学生进行互动，建立起亲密的师生关系，学生会坦然的向教师诉说心中的质疑，教师再给予讲解，这样不仅加强了两者之间的亲密度，而且还激发了学生的动力、提高数学水平。

从素质教育的方面来看提高教师的知识储备以及教学讨论能够杜绝一成不变的教学体系并且发掘以及创建能够提高学习水平

的方式，尤其是促进学生处理数学问题的水平，同时教师能相互交流教学方案，取其精华、去其糟粕，形成更加完善的教学体系，以此为前提，教师应该定期地自省，在教学方面，大部分教师都具备良好的教学能力，然而仍存在忽视归纳与研究的弊端，导致其教学能力停滞不前，因此，教改期望并规定教师能够充分增强教学能力，定期专研关于教学的理论知识，同时将学习的理论应用到现实教学中，对自己的教学方式与成果进行评价并且收集其他教师和学生对自己的教学反馈及评价等等，修改弊端尽可能地完善和提高教学水平，进而实现学生处理问题的水平不断增强。

三、帮助建立学习心态

为实现师生的真诚交流，使教师和学生建立朋友关系应做到以下几点。教师应改变自己的主导地位，经常与学生交流讨论并保持相互尊重、亲和的态度，绝不能出现歧视偏见的情况，否则会影响个别学生的心理状态。在课堂学习过程中，不仅要为学生创造轻松愉悦的环境，还应该给予学生能够进行讨论与分享的时间，进而激发学生的内在动力，促使教师与学生之间建立密切关系。需要特别注意的是，对处于叛逆期的学生一定要让他们感受到教师的关爱与重视，这样他们就可以以正常的心态来面对周围事物。

教师应该全面掌握和理解学生的内心声音，在解决难题的过程中，主要针对他们遇到的困难给予帮助与指导，同时给予精神上的支持与启发，防止他们在解决问题时产生的负面情绪，并将其转化为正向能量。部分学习力相对较低的学生由于心理落差大，导致孤僻、不愿与其他人交流，此时教师应该给予他们更多的关爱与帮助，更多的肯定与赞扬，提升他们的自信心，促使他们尽快参与其中，得到训练并提升数学水平。

激发学生的学习兴趣。数学教学是一个兴趣培养和激发的过程，在这一过程中，学生的兴趣十分重要。只有在良好的兴趣指导下，学生才能积极主动学习，进而提升解题能力。因此，教师要经常给予鼓励、表扬，来激发学生的学习动机和学习兴趣。促使学生获得成功，体验学习的快乐和成功。

四、发挥学生自身优势

叛逆阶段的学生不论是生理还是心理都非常敏感，这具体体现在他们的外在特点以及发育机能等方面，而这主要是由他们成长发育过程中各方面的快速变化所导致的，因此教师要随时仔细观察他们的发展变化以及心理状态。青春期对于学生来说非常重要，在此期间着重观察他们的发展变化，及时处理异常状况，重视性别差异性和数学水平提高的相关性。

五、积极进行教学反思

（一）针对学生自主学习的反思

在早期教学过程中，尤其是初中数学的教学流程中，首先学生跟着教师记下学习内容，其次是训练，数学知识的掌握通常较为不易，究其缘由主要有两方面，一是教学形式刻板、一成不变，二是学生缺乏自省能力。在这种情况下，教师应该改变早期的教学形式，不论是课中还是课后都应关注学生的动态与学习情况，采用新的教学思想进行课堂教学，克服教学中存在的困难。例如：在教授《勾股定理》一节内容时，教师先让学生自己画长方形，然后在长方形里画直角三角形，让学生用尺子去测量，看看长方形的边长、面积与直角三角形的边长、面积有什么关联，然后引出勾股定理，同时进行学生分组讨论，这样使学生真正了解和掌握勾股定理的原理。

（二）针对数学活动课教学的反思

在早期的教学过程中，尤其是数学科目的教学过程中不可能出现交流探讨的情况，然而根据对现在中学生的智力水平以及解决问题的水平进行分析得知，关于数学训练题，比如求距离以及速度等，学生时常会出现分析不正确的现象，进而导致无法得出正确答案，最重要的是此阶段的学生思维的发展并未成熟，尤其是在面对一些笼统的文字展示时。所以，应该有意识地提升学生的思维发展高度，从直接感受发展为理性分析，在解决问题的过程中，教师应该将游戏与教学相融合，例如在求路程以及追击的训练题上，对学生进行分组，根据习题条件分配他们前往操场进行实操，由于人性对游戏的倾向，在实操过程中，既可以使学生深刻掌握习题涵义，还能激发他们的求知欲，在同类题型中，根据题意就会产生实操的意象，进而掌握解题思路，同时给予正确答案，和其他教学形式进行对照，这种游戏式的教学方式大幅度地增强了学生的读题水平。由此得知，要想顺利的解答初中数学训练题，一定要善于自省、勇敢尝试，细腻观看，从而不断提高解答问题的水平。

教学结合课外活动的方式，使学生进一步理解理论特点，从而增强学生的内在动力，这样就可以在无形之中提高解决问题的水平。

第五章　核心素养视域下初中数学课堂教学的探究

　　随着科学技术的不断发展，多媒体教学将现代技术带进了课堂中，这促进科学技术在教学过程中得到广泛应用，而多媒体也对在初中数学中的教学起到了重要作用，提高了数学教学的水平和效果。本章重点论述核心素养视域下初中数学高效课堂的构建、数学核心素养下的初中课堂情境教学以及多媒体的应用对初中数学课堂教学核心素养的培养。

第一节　核心素养视域下初中数学高效课堂的构建

一、核心素养视域下初中数学高效课堂的相关概念及理论分析

（一）核心素养视域下初中数学高效课堂的相关概念

（1）数学解题能力。指学生们将所学习的知识与方法应用到实践当中，即解决数学难题的能力。因为数学这门学科讲求思维能力，在解决数学问题的过程中，应该应用不同的公式、定理进行解答，所以，关于数学教学，解题能力的提高是关键。判断是否掌握数学知识与方法的标准很简单，学生们顺利的解答了数学难题，说明他们掌握了公式、定理等等数学知识，由此可知，学生具备的基本素养主要体现在解题能力上。数学解题能力的增强从另一种角度表明学生们的学习兴趣被激发出来了，进而有利于提升核心素养。

（2）核心素养。2016 年 9 月 16 日《中国学生发展核心素养》正式发布，其从三个方面提出了六大素养的总体框架，为教师教育教学工作的正确开展指明了方向，特别是为培养"全面发展的人"提出了具体的要求。核心素养是以科学性、时代性和民族性为基本原则，以培养全面发展的人为核心，从文化基础、自主发展、社会参与三方面展开的。在初中教育过程中，要想提升学生们的

综合素养，首先，应该促使他们养成学习习惯，在数学教学过程中，主要的目的是增强解题能力，再提升核心素养。因此，在培养学生们综合能力的前提下，解题能力的提高成为重中之重。本书中关于数学解题能力的分析，基本上都是从核心素养的层面展开的，数学作为一门基础性学科，与物理和化学等理学学科具有相互促进的关系，这些学科的相同之处就是都需要具备良好的思维能力，所以，从核心素养培养的角度来研究数学解题能力是至关重要的。

（3）核心素养对初中数学教学的作用。一直以来初中数学课程如何改革都是教育界讨论的重点，从以九年义务教育为出发点的人教版课程内容到苏教版课程设置，都在积极探索课程改革的具体方向，而《中国学生发展核心素养》发布后，特别是针对学生三个方面的六大素养的提出，无疑为初中数学课程改革指明了发展方向，同时也为初中学生解题能力的培养指明了方向，那就是必须为培养"全面发展的人"而进行改革。其还对课程改革具有重要的推动作用。初中数学改革首先就是要围绕着学生文化基础、自主发展、社会参与等核心素养进行内容上、教学上的改革，对现有的课程内容进行梳理和完善。因此学生核心素养对初中数学教学改革的顺利进行具有积极的推动作用。

（二）核心素养视域下初中数学高效课堂的理论分析

1.需求层次理论

五大层次需求理论包括以下几个方面：

第一，生理需要：，个人生存的基本需要。如吃、喝、住、行。

第二，安全需要，包括人身安全、对未知危险的预防和福利保障。

第三，社交需要，融入社会、团队、集体里，有一定的归属感。

与人交际、彼此间感情交流。

第四，尊重需要，彼此间的尊重，待人礼仪，以及外人对自身的尊重。

第五，自我实现需要，指个体建立人生目标和理想，并通过自身实践和追求，追求人生真正的意义。

可以从两个方面探讨此理论：其一，虽然个人需求不同，但一定有需求，只是当其中某一需求被满足之后，才会有其他需求出现；其二，当一个人的需求都没有得到满足时，他会先完成自己最想满足的需求，并将别的需求作为他要实现的目标。国家的文化、经济、公民素质和受教育程度都会在一定程度上对需求层次结构产生影响。

初中学生不仅会在心理和生理上产生需要，也会在社交上产生需要。在培养学生核心素养的基础之上让其拥有数学解答能力，最重要的就是让学生的这些需要得到满足，而需求层次理论正是研究初中学生数学解题能力的切入点，想要更好地分析这个问题并找到其关键，就要分别探讨学生在心理、生理以及自我实现和社交上的需要。

2. 教育公平理论

在公平理论中，教育公平一直是一个非常重要的部分，外部和内部的不同因素都会对其产生影响。教育公平会受到来自国家的法律、文化、阶级和社会风气等外部因素的制约。这也说明每个公民都有权利享受国家的一切教育资源，社会应公平对待每个孩子。但在现实中，教育的公平受到经济发展、地域环境等不同因素的影响，并没有全部实现。这不仅是教育发展要解决的问题，也是国家发展要解决的问题。

在我国，初中教育包含在九年义务教育之内，这就说明受到教育是每个初中生的权利，而由教育产生的责任则由学校和教育部门共同承担。要想在培养初中数学解题能力时与培养核心素养相结合，就要实现社会教育的公平，而要缩小学生在初中数学解题能力上的差距也需要实现教育公平。

3. 动机激发理论

学习需要学习动机作为内在推动力，学生也会在头脑中反映出这种由社会和教育带来的要求。学习的兴趣和自觉性就是学习的动机，自觉性会带动学生在行动上的积极性，激发他们对学习的兴趣。培养学生的学习动机要受到教师的重视，让学生在教学中更加有效地学习就必须有学习动机。在教育心理学对学习动机的研究越来越成熟和详细。教育的手段和目的以及促进学生学习的无限动力都要依靠学习动机。本书主要论述的就是教师如何在教学活动中对学生学习动机进行更好的培养。

二、核心素养视角下的初中生数学高效课堂的解题能力

分析初中学生数学解题能力的现状，并从中发现存在的一些问题后，需要对问题加以解决，这样才能够为夯实核心素养中的文化基础，提升初中学生数学解题能力提供帮助。

（一）以课堂为主进行创新教学方式

文化基础包含初中数学教学，这也是核心素养的重点，站在核心素养的角度上，课堂与教材都是数学教学的根本，教师要结合现有教材并以课堂为基础，根据学校现有情况积极对本校课程进行研发，对初中学生的数学解题能力在增加核心素养的角度上进行培养，从而让数学教学效率得到提高。课堂的主体是学生，而学生在课堂上的学习则需要教师的推动。

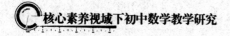

1. 突出学生的主体地位尊重学生的个体差异

在数学课堂教学中，学生能否独立、自主地学习十分关键，在教师的指导下，学生可以对数学提出质疑并进行探究，将课堂与实践相结合，让学生积极主动地学习。课堂教学就是要在实践中让学生有自主学习的能力，提高其实践能力，不断发展思维。教师也要不断发散思维，让教学形式多样化，创造更加丰富的教学方法，让学生不再对数学感到厌倦，调动学生数学解题的积极性，从而找到适合自己的学习方式。在课堂教学中，教师可以采用温故而知新的方式为学生讲解新知识，注重新知识和旧知识之间的转换与衔接。

案例分析：如图 5-1 所示，已知 CA=CB=CD，过点 A、C、D 三点的圆交 AB 于点 F，求证：CF 平分 ZD ∠ DCB 的平分线。

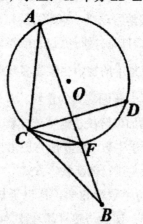

图 5-1 求证分析图

以上是学生学习圆周角后，练习册里的一道习题，至此学生已经具备了良好的几何证明素养。针对此题，会发现学生主要有两种解题思路。

方法一：连接 DF，BD，证△ CDF ≌ CBF。统计发现这种方法集中在大部分同学，这是因为全等是八年级初学几何证明时学生已获得的方法，且在后期学习中反复的运用。

方法二：连接 AD，证∠ BCF= ∠ DAF，再有∠ DAF= ∠ DCF 得到∠ DCF= ∠ BCF。

2. 擅于运用教学课堂提问

在数学课堂的教学中，教学的内容和进度是教师提问的依据。这些问题应该提前设计，在设计过程中可以体现教学中的难点和重点，带有一定的目的性。教师在课堂提问开始时不应提出过难的问题，课堂提问应该是一个由简到难的过程，逐渐攻破学习中遇到的难题，让提问引导学生进行发散思维。课堂提问是一种非常好的让学生快速有效地解决数学难题的方式。

伴随着新课程的改革，学生对数学的兴趣已经不能通过传统数学教学进行满足。这就要求教师在数学课堂上让教学方式多样化，满足不同学生对数学学习的需求，增加他们的积极性，增强学生对数学学习的信心。课堂提问除了可以让学生对数学产生兴趣外，更为关键的是可以站在核心素养的角度让学生具备相应的数学解题能力，并让这一能力推动学生的发展。课堂提问还可以让教师和学生有更多互动，不管是哪一方进行提问或回答，都会产生互动，这就缩短了教师和学生之间的距离，让课堂氛围更加活跃，让师生感觉非常融洽，也让学生感觉到课堂学习不再是枯燥的、乏味的。教师还可以准备一些趣味问答，让学生放松心情，情绪得到舒缓，让课堂氛围更加活跃，更加符合素质教育的要求。

教师在课堂上提出的问题应对学生有启示作用，提问的方向应该偏重于解题能力，以提问的方式提高学生的专注力，让学生的思维得到启发，进而对问题产生思考，完成对新知识的学习，让学生在解决问题的过程中发现乐趣。

（二）教师主动进行教学指导

初中数学是九年义务教育的重要内容，要是实施素质教育，实现教育公平和均衡发展，要培养学生数学解题能力就离不开正确教学指导，而不是将那些解题能力较差的学生抛在一边，不去指导，而是需要教师放下固有的教学偏见，主动的进行教师指导，如：教师在教授完数学新课程后，让学生分组谈论学习，这时教师就可以到解题能力较差学生的小组参加讨论，并且在讨论中主动去了解这些学生是否理解了课堂教学的新知识、新内容，这样教师主动的去亲近学生，主动的去指导，学生就会不由自主的将自己的知识疑点说出来，教师才能够答疑解惑，而且增进了与学生的情感交流，有助于学生数学兴趣的养成和解题能力的培养。

加强教师的理论学习，强化教研小组的作用。采用灵活多样的教学教研模式积极寻找到能够对核心素养视角下初中数学学生解题能力培养具有指导、帮助、促进作用的教学方法，并且能够将有助于培养学生数学解题能力的教研成果进行资源的共享，取长补短。

在此基础上，教师还要注重教学反思。很多教师有着丰富的数学教学经验，但不注重提炼和总结，教学水平难以提高，这就要求教师在平时工作之余，合理安排时间进行再学习，提高自身数学理论水平；结合自身教学实际，注重教学反思，力争每节课后及时小结写下教后记，多一些对课堂上不足之处的思索和改进，多一些对课堂上教学环节的连贯性的思索，多一些对同类教学现象的归纳。这样才能够有助于更好的指导学生解题能力的自我提高。

（三）帮助学生建立主动解题的良好学习心态

用心沟通，努力与学生成为朋友。首先，教师要放下架子，友善亲切，和蔼可亲，与学生多沟通，交朋友；同时，教师要对那些数学解题能力较差的学生给予更多的关心支持，尽量给学生多提供一些主动进行解题活动的学习机会，营造一种民主和谐的学习氛围，培养学生的成就动机，学会赏识孩子；建立平等和谐的师生关系，加强师生之间的情感互动，在初中生心理发展尚未成熟之前，能够让学生放松心理压力，才会全身心投入到学习中去。这也是核心素养培养的需要所在。

教师要深入了解学生在数学解题活动中的心理变化，及时发现学生解题过程中遇到的困难，并积极的加以引导，通过给予更多的关心和鼓励，让学生消除数学学习的自卑感，学生能够产生积极的学习情绪和动机，而且，有些数学解题能力较差的学生可能存在着些许心理上的困难，如同学关系不良等，教师需要深入其中，发现学生身上的闪光点，以增强学生信心，用真诚和爱唤起学生的学习热情，使他们能够积极的融入到数学解题活动之中，这样才有助于核心素养视域下的学生数学解题能力的培养。因此，尊重热爱学生是消除学业不良学生情绪障碍的前提。

激发学生的学习动机和兴趣。在数学教学过程中，教师要注重学生学习动机和兴趣的激发与培养，这是培养学生解题能力的又一关键所在，学生只有有着好的学习动机，有数学学习的浓厚兴趣，才能够积极主动的去解决数学问题，才能够培养学生的数学解题能力。因此，教师要经常采取积极的鼓励、表扬等方法，来激发学生的学习动机和学习兴趣，促使学生获得成功，使之体

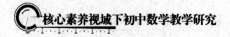

验到学习的快乐和成功。

（四）充分发挥学生自身优势

初中学生正进入青春期，处于身心发生的巨变期，一般而言，青少年请在身体外形、身体机能以及性的发育与成熟三个方面出现这急剧变化。而在本研究中，学生的反馈也主要包括身体机能的变化以及性的发育与成熟带来的困扰。及时关注初中学生身体发育情况。青春期是一个人生理发展的第二个高峰期，这一时期要特别注意孩子的身体发育情况，及时对生理上出现的问题进行就医治疗。关注男女生性别特征的差异对数学解题能力培养的影响。

首先需要教师、学生消除性别偏见；针对于男生而言，可多采用鼓励性的策略，以增强其对数学解题学习的信心和兴趣；其次，在教学中要充分注重学生的学习策略的培养和引导，如可以充分利用男生逻辑推理能力强的特点，也可以利用男生好动的特点，减少一定量的作业；最后，可以开展男女生互帮学习小组，最终以达到核心素养视角下的学生解题能力的培养目的。

（五）积极进行教学反思

1. 对学生自主学习的反思

在传统教育系统中，教师通过板书来进行教学，学生在记忆数学公式时，主要通过教师的板书和课后练习题。这种方式不能很好地教会学生记忆数学公式，主要原因如下：一方面这种教学方式极为死板，另一方面学生只是被动地接受知识，没有进行主观思考，这导致学生出现解题困难。教师要在课堂上和课外注重对学生主观思考能力的培养，要创新教学方法，利用新课改的理念和方式教育学生，解决学生在数学学习中遇到的难题。例如：

在讲述勾股定理知识时，教师可以先在黑板上画一个长方形，接着画一个直角三角形，再请学生到讲台上用尺子测量出直角三角形三个边的数据，并进行计算和公式推理。在这个过程中还可以设置小组讨论环节，这样学生就能很快学会这个知识点，并进行实际应用。这种教学方式能增强学生的记忆点，后续遇到类似勾股定理的知识时，学生能够灵活运用，相应的数学技能和知识也能得到提升。

2. 对数学活动课教学的反思

传统教学模式中，数学课采用的是教师讲学生听的方式，学生不能在课堂上进行活动。但科学表明，学生对学习的理解、对解题步骤的学习、对应用题的解答都需要通过活动的形式来培养。特别是在涉及路程和时间相关应用题解答过程中，学生对题目文字的理解容易出现偏差，导致解不出题或者解错题。这主要因为初中生的逻辑思维能力还较弱，不能完全理解一些抽象词语。这时教师可以利用一些直观的表达方式和活动形式教会学生理解这些抽象词语。比如在解答关于路程和车辆之间的追赶类应用题时，可以将学生分成三组，分别代表不同的车，通过学生实际参与追逐的过程加深他们对题目的理解，让他们快速掌握解题思路，进行计算公式的应用和计算。这种具有高趣味性和互动性的教学方式很容易让学生接受，学生的学习成绩也会相应提高。要加强数学课堂的互动性，采用灵活的方式让学生理解公式、定理和性质等，提高学生的学习兴趣，帮助他们培养解题思维。由此可见，教育方式和教育理念的改变，除了可以增加教学形式的多样性外，对学生解题兴趣的激发和数学素质的培养也有很大帮助。

三、核心素养视角下初中数学高效课堂构建策略探究

在教育不断发展的同时，教育的重心也由知识的教授转化为人才素质的培养。教学改革非常重视学生核心素质的培养。但是，现阶段中国的初中数学教育缺乏目标性，传统的教学方法占据很大部分，所以需要不断探索数学教学的变革和创新方法，找到行之有效的改革方案。[①]

核心素养视角下初中数学高效课堂构建策略主要有以下几个方面：

（1）与实际生活接轨，全面提高课堂教学质量。在教学过程中，教师举例时要列举学生在现实生活中可接触到的事物，要有针对性地对学生的阅读材料进行调整，并结合新媒体技术，最后统一安排授课时间和教学进程。与此同时，教师还要在教学方式上进行变革，要注重解题方式的讲解，要将提升学生解答问题的能力作为教学重点。例如在进行"一元二次方程"教学过程中，教师应用现实生活中的例子讲解题目，学生就能够很快理解题目，具有代入感。在这个解题过程中，教师还可以设置小组讨论的内容，利用这种方式对学生的协作能力和思维逻辑能力进行锻炼，全面培养学生的核心素质。

（2）根据学生的个性进行差异化教学，帮助学生掌握数学思维。首先，数学教师要根据学生的个性制定教学计划。其次，对学生的个性特点需要及时进行分类，对具有相似个性的学生进行整组辅导教学，这样既可以节省时间又能将知识讲解到位，能帮助学生更好地掌握知识，还能培养学生的团结意识。最后，测

a　敖特根. 核心素养视角下初中数学高效课堂构建策略探究 [J]. 西部素质教育，2018，4（18）：249.

试和问题要具有科学性。要将帮助学生开拓数学思维，建立独立思维系统，帮助学生健康成长[1]。

（3）用强有力的教学评估来提高整体教学效果。在初中的数学学习中，教师要意识到学生的不足之处和特长。根据学生的不同特点，采用鼓励措施和批判措施相结合的方式进行教学，帮助学生更好地认识自我，找到自己的长处，增强自信力，培养综合性人才。与此同时，教师要激发学生的探索精神和好奇心，帮助学生培养团队协作能力，共同学习，共创良好学习环境，激发学生学习兴趣，提高课堂教学效果[2]。

（4）合理运用高科技技术，提高教学效率。近年来，互联网的发展带动了教学方式的改革，微课授课的模式已经被学生接受和使用。初中数学教师在预习阶段，可以先通过微课的形式让学生了解大纲内容，划出重点内容和知识点。通过这种形式让学生理解复杂的数学问题。这种高科技的教学方式还能够活跃课堂氛围，激发学生的求知欲。这种教学方式在几何教学中的应用效果尤为明显，学生通过视频的分阶过程能很快掌握几何体的内部结构和相应的表面积、体积的计算方式。高新科技能够提高教学效率，能够为初中教学带来一个更高效的课堂。

---

[1]　罗文婷. 核心素养视角下高中数学高效课堂的构建 [J]. 西部素质教育，2017，3（12）：173.

[2]　臧晓梅，李后振. 现代教育技术在小学数学教学中的有效运用 [J]. 中国现代教育装备，2017（18）：59–60.

第二节 数学核心素养下的初中课堂情境教学探析

一、数学核心素养下的初中课堂情境教学的概念界定

（一）数学情境教学数学核心素养不是天生就具备的，而是经过后期的培养，即个体在情境中通过互动而产生的。数学核心素养的提升与情景教学密切相关。所以，要想研究以培养核心素养为目的的情境教学，首先应该掌握情境教学的涵义与思想观点。

情境，在《辞海》在所描述的概念是个体在参与某种活动时所处的客观环境，因为所处的行业不同，人们对情境的理解也是有区别的。心理学认为，情境对个体的感官认知会产生影响，体现出一定的生物学与社会学基础。社会学认为，其是个体在进行社会活动时所处的社会环境。教育学认为，一般情况下，情境是指由特定要素形成的环境。虽然以上的阐述并没有将情境的概念确定下来，但是，能够明确的是情境是客观存在的，是个体参与社会活动必须依托的环境，个体按照在所处的环境中接收到的信息，自主构建内化成属于自己的信息，之后再表达出来。情境教学指将个体所处的情境置于课堂而产生的教学策略，情境教学实际上是将理论知识与现实问题联系起来，在激发学生们学习动力的同时增强教学效果。情境教学中的情境一定是真实客观的环境，在情境教学的过程中展现学生们的主动性与执行力。

关于数学情境教学，指以数学的理论知识为基础，解决现实问题与培养核心素养的教学方式，数学情境教学和其他学科有相同的地方，但也具备其他学科没有的特殊性质。所以，在数学教学过程中实现情景化与数学化的平衡状态是至关重要的，进而

才能有效的增强教学质量。（二）数学核心素养倡导培养学生学科核心素养，是一种全球化趋势，这也成为世界发达国家的热门教育问题之一。我国对于学生这方面素养的培养，还处于起步阶段，没有相关的研究经验。要帮助学生实现核心素养的提高，应当了解和掌握数学领域的核心素养原理和过程，这样才能夯实基础，理解核心要义。

落实学科素养，需要深化教育改革，尤其是在课程改革等方面，要结合数学学科的核心素养，将其作为改革和发展的蓝本。自 2014 年 3 月以来，教育部出台课程改革的实施办法，首次对立德树人的教学任务进行明确的细化，以保障改革落到实处。由此，核心素养被反复提及，这表示我国将提高学生的核心素养放在极为重要的位置。

学生核心素养主要包括两种能力，一种是学生需要掌握的知识技能，另一种是适应社会发展，市场需求的能力和品格。因此，核心素养的落实不仅需要教师抓好教学任务，还需要教师将立德树人作为一个明确任务进行落实。这显然成为提高学生综合素质必须要重视的内容。

培养学生需要实现达成德才兼备的目标，核心素养并非要培养数学家，不是掌握多少公式、概念、定理以及法则等，不是学生对于数学的能力水平，也不是成绩好坏而是学生走出校门步入社会的生存能力、适应能力、发展能力，是否能正确处理好工作、生活、学习的问题，这需要学生利用课堂所学的数学思维对问题进行分析研判，找到突破口。这才是核心素养对学生的最大帮助，也是教学成果的最终体现。

需要从整体看待学科核心素养，看待数学核心素养，这是一个从整体到局部的过程。培养学生核心素养需要进行学科核心素养方面的培育。结合宏观定义并将定义落实到实际课堂中，这是培育核心素养的关键。但在目前我国的课堂中仍缺乏互动性、缺少思维运用，教师不能帮助学生构建出解题思路、分析问题的能力，其原因在于应试化教育体制下教师将分数作为教学成果的硬性标准，教师采取灌输式教学，不重视学生综合素质的培养。为了改变这种现象，我国提出培育学科核心素养的要求，要求在每个学科中，教师要落实学生核心素养的培养。

数学核心素养是基于数学学科特征的核心素养。中国知网关于"数学核心素养内涵"的文献始于 2015 年，虽然起步较晚，但我国研究者关于数学核心素养的内涵界定有许多观点。

将其中一些代表性的表述梳理，见表 5-1[1]（以下观点按时间轴顺序）：

表 5-1 国内研究者对数学核心素养内涵的基本认识

时间	代表人物	基本认识	数学表征
2015	洪艳君	数学核心素养包含具有数学基本特征的思维品格和关键能力	是数学知识、技能、思想、经验及情感、态度、价值观的综合体现
2015.5	马云鹏	数学核心素养是学生学习数学应该达到的有特定意义的综合性能力。数学核心素养基于数学知识技能，又高于具体的数学知识技能	具有综合性、持久性、整体性

① 本节表格引自：王霞. 基于数学核心素养的初中课堂情境教学研究 [D]. 上海：上海师范大学，2018：4-14.

2015	陈敏 吴宝莹	数学核心素养是指把所学的数学知识都排除或忘掉以后剩下的东西	从数学的角度看问题，有一定的逻辑推理和表达能力
2016.11	石志群	数学核心素养是基于数学知识体系，能够用数学思想方法研究问题的能力	
2017.1	王尚志 史宁中	数学核心素养是指具有数学基本特征的，适应个人终身发展和社会发展所需要的人的思维品质与关键能力	数学抽象、逻辑推理、数学模型

从表 5-1 中可以看出，由于研究角度的不同和核心素养的动态性，我国研究者对核心素养内涵界定的侧重点也不同。《义务教育数学课程标准（2011 年版）》提出了"在数学课程中，应当注重发展学生的数感、符号意识、空间观念、几何直观、数据分析观念、运算能力、推理能力和模型思想"，确定了数学核心素养的八大核心词。从严格意义来说，这样的提法并不恰当，数学核心素养基于数学知识技能，又高于数学知识技能。而课程标准对数学核心素养的提法虽然凸显了数学学科的特性，强调了数学知识技能，但忽略了其独特的育人价值。

培养数学核心素养，主要要抓好三个方面，第一建立数学视角，散发想象力，运用数学抽象和直观的想象去看待世界；第二构建数学思维，善于思考，会用逻辑推理和数学运算；第三，懂得数学语言。数学知识不仅是一门学科，它对于学生日后的社会生活也具有重要意义，教育工作要切实抓好它的育人价值。

数学核心素养是一个宏观的概念，每个研究者都会有自己的定义方式，会产生不同的解释，但是它最基本的特征还是依托于数学，为学生提供数学的思维方式与解决问题的能力，帮助学生处理生活中的问题，，还可以通过数学思维、数学观察、数学表达提高智力等。总的来说，数学核心素养会培养学生数学的眼光，运用数学思维看待和处理问题的能力。

二、数学核心素养下的初中课堂情境教学的国内外研究

（一）国内外关于数学情境教学的研究

1. 国外关于数学情境教学的研究

国外对情境教学的研究是在情境感知以及学习理论的基础上进行的，通常涉及教育心理学和人类学两个学科的研究。以教育心理学为基础的研究包括：问题导向的学习、抛锚式教学、认知学徒制。以人类学为基础的研究包括：SMART 挑战系列以及远程学徒制等等。"抛锚式教学模式"，主张将学习抛锚在具体的背景中，为学生创设富有真实性、复杂性的学习环境；美国、荷兰两所知名大学的研究所以国际合作的方式开发了一套 5～8 年级的数学教材《情境教学》。该书为人们提供了关于"数学知识是如何与生活中的数学联系在一起的"以及"数学是如何包含在具体情境中的"的实例。TIMSS 录像研究于 1999 年选取了包括澳大利亚、捷克、香港特别行政区、日本、新西兰、瑞士、美国等7 个在 TIMSS1995 中取得高分的国家或地区的八年级数学课堂教学进行录像研究。研究结果表明，7 个国家或地区的数学课堂中"与现实生活联系"的数学问题大多用于问题提出阶段的"非问题部分"，较少用于问题解决的过程中。

从国外对情境教学的研究成果可以得知，主要涉及两方面：一方面是情境教学的思想观点，另一方面是在情境教学在课堂上的应用情况。无论是理论的层面还是实践层面，都为将来的进一步研究提供了参考。然而，这些研究都是从微观的层面进行的，其缺点就是没有体现出系统性与宏观性。2. 国内关于数学情境教学的研究

通过对中国知网国内关于"情境教学"的论文进行检索和统计，发现我国对于数学情境教学的研究主要集中在以下几个方面。（1）数学问题提出与情境教学研究。2001 年贵州师范大学的吕传汉教授在我国西南地区中小学开展了"中小学数学情境与提出问题"的教改实验，并提出了数学"情境—问题"教学的基本模式，目的在于通过该模式激发学生的学习动机、提升提出问题与解决问题的能力。章建跃教授在《关于课堂教学中设置问题情境的几个问题》一文中提出了不同问题情境的创设方法，为一线教师的课堂问题情境设计提供了宝贵的指导建议。①

（2）现实生活和数学之间的联系。研究人员采取录像的方式进行求证，在课堂进行良好互动时，数学能够与生活建立起紧密的联系，当学生不经意间运用数学的思维逻辑去处理生活的问题时，问题能得到更好地解决。对此，无论中国、美国，都十分注重数学课堂的教育，但目前我国的数学课堂主要针对解决该门学科中的问题，而忽略实际问题，课堂的互动环节较少，没有与现实建立紧密连接。

（3）开展典型数学情境的案例分析。我国著名的数学家罗增儒先生对此进行过大量的研究，目的就验证数学与现实的联系的作用。他结合我国教学的实际情况，进行了大量的分析研究，其目的在于研究出一种适合我国的教育形式，一种处理现实问题的方法。除此之外，徐艳彬教师也就数学与旅游情境的关系做出

① 　章建跃 . 关于课堂教学中设置问题情境的几个问题 [J]. 数学通报，1994（06）：50+1-5.

研究，并提出抛锚式教学，郑秋贤和王文静也印证情景创设的重要作用。由上述学者的研究可知，目前，我国数学课堂的教学模式主要还是集中于学术性较强的知识传授方面，其也具有很高的学术价值。

（二）国内外关于数学核心素养的研究

1.国内关于数学核心素养的研究

以 2014 年 3 月 30 日教育部印发的《关于全面深化课程改革落实立德树人根本任务的意见》为标志，我国首次明确提出学生核心素养的概念。在中国知网平台上按主题搜索"数学核心素养"的相关文献，共检索到 2457 篇，其中最早的文献出现于 2013 年付翔的《小学数学核心素养之创新意识》。历年的文献数量见表 5-2。

表 5-2 2013—2017 年知网数学核心素养相关文献数量

年份（年）	2017	2016	2015	2014	2013	合计
数学核心素养（篇）	1663	726	80	12	6	2457
数学核心素养和课程改革（篇）	225	104	15	0	0	344
数学核心素养和教学实践（篇）	94	42	11	0	0	147
注	搜索日期为2017年11月3日					

从表 5-2 中可以看出，随着我国课程改革对核心素养的重视，关于数学核心素养的文献数量呈逐年加剧上升趋势。大量以数学核心素养为研究对象的文献主要从数学核心素养要素、课程改革、课堂教学三方面展开研究。

（1）数学核心素养要素的研究。数学核心素的定义为"学生为适应未来生活，满足个人发展需求所必备的数学知识能力、数学思想方法和数学品格"。《义务教育数学课程标准(2011年版)》对数学核心素养的概念进一步分解，得到了六个维度60个二级指标，将数学核心素养的要素界定为数感、符号意识、空间观念、数据分析观念、运算能力、推理能力。

（2）深入剖析数学课程的改革。为了培养学生的数学核心素养，以帮助学校培育优秀的具备综合能力的高素质人才，各国的教育部门都在不断研究推动学生核心素养的方法，主要方式为先培育学科素养，再进行课程改革。我国正在着手实施课程改革的相关工作，将改革工作分为四个方面来逐步推进，具体如下建设数学理性思维，宏观融合，课堂改革同步进行，健全教学评价机制，细化教学内容。尤其是对于中小学的数学课程，要紧紧抓住课程的综合性、整体性、系统性以及连贯性的特点，紧密围绕核心素养这个关键环节。这些改革举措的落实，需要我国的教育部门重新制定标准，如课程标准、课程政策等，同时还要研究如何将学科素养转化为核心素养的问题。

（3）只有深入研究现实的课堂教学，才能将提高学生核心素养的建设落到实处。

2. 国外关于数学核心素养的研究

国际社会对核心素养问题的思考最早开始于21世纪初。经济合作与发展组织率先提出了核心素养的指标体系。随后联合国教科文组织、欧盟等国际组织以及美国、法国、英国、日本等发达国家纷纷开展了对核心素养体系的研究。

三、数学核心素养下的初中课堂情境教学的理论基础及启示

研究的进行应该以合理的理论为依据。无论是国内的学者还是国外的学者都对情境教学的理论进行一系列的研究，涉及到的理论有建构主义理论、奥苏泊尔有意义学习理论等等。以下的内容详细的阐述了这些理论的内容与情境教学研究。

（一）建构主义理论

建构主义理论要求教师应该经常给予学生们指导与帮助，例如，设计游戏、日常生活等等，通过自己的人生经历或者已经储存的理论知识，将遇到的新知识与储存的旧知识进行有效的连接，最终实现知识内化。这个理论是由于传统的教学过程中出现很多弊端而产生的，例如，过于重视知识的传输、忽视了学生们个性化特点以及他们对知识的掌握情况。建构主义理论也是在学习理论的基础上形成的，这个理论倾向于将储存的经验知识、心理框架等作为前提进行构建，重视知识的社会性与情境性等。建构主义学习理论观点纷呈，但其在知识观、学习观、学生观、教学观方面的基本观点一致。

（1）建构主义知识观。这一观点认为知识处于不断的变化之中，不是静态的。知识的学习也不是生搬硬套，死记硬背的过程。它需要学生结合当时的情景，将知识消化后转化为自己所能理解的观点。由于每个人的认知和学习水平都不同，在看待同样的事物时，大家难免各持己见，很难对同样的事物持同样的看法，而是通过自己的学习对这些事物建立一个清晰的理解。这一点对数学学习也非常重要，比如在传授给学生一套数学公式或定理时，不能仅要求学生将其牢牢记下，或背诵出来，而是要引导学生理解它，并能够将其正确地运用出来，这才是学习数学知识的根本目的。

（2）建构主义学习观。这一观点认为要想融会贯通要通过有效地互动和社交来构建知识和学生之间的关系纽带，这一观点最早被杜威等人在实践中得以验证。

（3）建构主义学生观。这一观点认为在整个学习过程中，学生应该作为学习的主体主动地理解知识、构建知识体系，而不是被动的接受知识，这需要教师的紧密配合。教师不能只作为一个知识的传授者，还要从实际出发，引导和帮助学生理解、构建知识体系。另外还要根据每个学生的学习情况，充分发挥学习当中的优势，循序渐进的引导学生发掘新知识。

（4）建构主义教学观。这一观点认为要想构建一个完备的知识体系需要满足以下三个要求：第一，主动建构性强调了学习者的主体地位。第二，社会互动性指学习需要通过学习共同体的互动来进行。第三，情境性强调情境是知识的生长点，尽管不是所有的情境都有利于学生自主建构知识，但知识一旦脱离了情境，教学就变成了一种知识机械传递的途径。只有满足以上三种特征，教学才能有效启发学生的学习积极性和学习乐趣，学生才能够更好地探究、发现和解决学习当中所遇到的问题，从而更好地实现建构知识体系框架的目标。

最后，建构这一套学习理论能够为初中课堂教学带来巨大的引导作用。这套学习理论的构建需要在一定的学习情境当中完成，这个情景就是教师对学生起到引导和启发的作用，而不是一味地向学生灌输知识。当然，学生并不是所有的情境都有利于其建构知识体系，这和每个学生自身的理解能力有关。所以在教学时，教师们要充分考虑到学生的学习差异性，因材施教，最大化地挖掘学生的数学核心素养。

（二）情境认知与学习理论

教学中的关于情境认知以及学习理论的研究，是人们在行为主义以及认知主义的基础上进行学习的一次新的探索。这种关于情境认知理论的研究包含了情境学习和情境认知两个方面的意义，这种理论不支持以往的去情境化的观点，把在教学过程中应用情境进行教学的方式放在重要位置。这些观点对受教育者在学习时与情景的互动提供了理论依据，也使教学者在具体实施中做到有据可依。

在教学过程中应用情境认知和学习理论时，人们往往会把情境设置放在十分重要的位置。由于知识的摄取与人们的生活息息相关，它是一种具体的存在，不能脱离生活抽象的存在，与其所处的环境不可分割，它是人们使自己的行为适应周边环境相的一种状态。

从教师来讲，为了发展学生协调自身素质、适应未来生活的能力，教师应该在教学中从学生的生活经验出发创设真实的情境任务。分布式认知教学和抛锚式教学都是情境认知与学习理论在情境教学中常见的教学方法。

学生在学习过程中，要有针对性地从教学者所设定的情境中发现问题，借助自己的知识储备对这些问题加以稀释，在这一过程中，还要与周边的学生通过多种方式和渠道进行沟通和交流，从而在这种互动中完成自己的学习任务。

在教师的教和学生的学的过程中，都会应用到情境认知和理论学习的内容，这就需要对这一问题引起重视。在具体的教学教程中，教学者不可单纯地为了突出情境教学而创设一些与实现情况不符的教学情境，要通过创设切合实际的教学情境，把教师的教与学生的学有机结合起来，通过有效的情境教学，充分发挥学生的主体作用和教学者的主导作用，并实现二者的有机统一。

（三）奥苏泊尔有意义学习理论

美国认知教育心理学家奥苏泊尔总结出了一套颇有深意的学习理论。他认为，许多情感因素和社会因素都会对课堂学习产生影响，在此基础上他对学生学习时的心理变化过程进行了重点阐述。

（1）有意义接受学习的实质。这种观点主要讲述教师的教和学生的学之间所存在的关系。这种直接的关系相对而言比较全面系统，很容易被接受并在学生的脑海中留下深刻印象。

（2）有意义接受学习的条件。美国认知教育心理学家奥苏泊尔通过反复的实践和总结得出，从事一种有意义的学习需要具备下列因素，一是学生所学的知识要有逻辑性；二是学习要循序渐进，后面所学的知识要以前面的知识为基础。学生对知识的涉猎要有规律，后面所学的新知识要以前面的旧知识为前提，这要求教师在进行教学设计时要充分考虑它的前后规律。

通过对奥苏泊尔有意义学习理论的总结可知，在对学生实施情境教学时，一定要注重教学材料的选取，要从学生的认知结构和接受程度出发，有意地设立一些符合实际的教学情境，通过多样化的教学手段，使学生充分发挥学习的主动性，发现和解决学习中的各种问题。

四、数学核心素养下的初中课堂情境教学的研究方法与流程

（一）数学核心素养下的初中课堂情境教学的研究方法

（1）文献分析法。可以借助文献分析法检索相关文献资料。研究者在确定研究主题后，可以借助检索搜索"情境教学""数学核心素养"等多种资料并进行相关整理。一方面研究者可以通过前人的观点和想法了解国内外对于该问题的研究现状，认真钻研这些资料，确定该课题是否具有研究价值。另一方面可以借助"情境教学""数学核心素养"等多种理论找到切入点，更好的研究"情境教学"和"数学核心素养"，为以后的研究奠定理论基础。

（2）录像观察法和案例分析法。录像观察法具有多种优势，比如多次播放、综合比较、真实客观等。录像观察法可以对课堂的真实情境进行细致入微的观察。这种教学分析方法非常重要，要想研究情境教学对学生数学核心素养的影响，一定要借助录像观察法。比如：首先通过"一师一优客，一课一名师"平台获得上海市初中数学八节优质课的录像，然后配合教师的教案，随后将课堂录像以文字形式进行转化，根据情境模式整理出 37 个较完整的教学片段，从动态和静态两个方面来分析案例，观察录像，最后对材料进行定性和定量分析，从而探索教师在"问题设计""情境创设""讨论交流""反思总结"四个环节提高学生数学核心素养的情况。

（3）访谈法。可以通过与一线名师的访谈，直观形象地了解到初中数学的情境教学，情境教学如何影响到学生数学核心素养发展等问题。

（4）归纳分析法。归纳分析法在课堂录像观察、教师访谈、梳理文献资料的前提下产生，主要关注如何在情境教学中使学生的数学核心素养得到发展，最终形成科学的教学策略，在实践中给教师具体明确的指引。

（二）数学核心素养下的初中课堂情境教学的研究流程

研究情境教学策略非常重要，它有助于培养学生的数学核心素养，改善情境教学的现状，甚至会促进时代发展。当前研究现状在明确研究目的和研究方向后，要重新进行归纳整理。目前国内外很多研究文献都在研究数学核心素养和情境教学，通过研究他人的研究成果可以知晓目前研究的范围和所达层次，还能找到有启发意义的研究内容使自己的研究更为顺畅。在搭建研究框架的过程中，要根据内涵界定、理论基础、教学模式进行搭建，不断改正，最终形成更加符合初中课堂教学模式的教学研究框架，更加清楚地了解教学各个环节所需要达到的层次。

在做好研究准备工作的前提下，选取适量的样本，从定性定量的层面进行研究在现阶段情境教学的过程中学生们的核心素养是怎样养成的，制定最佳的教学策略。详细的研究流程如以下内容：

利用分享分析法，在网络平台上搜索与情境教学相关的内容，例如，知网、图书馆等等，了解情境教学与数学核心素养之间的相关性等。

第二，按照以上的文献内容，明确研究的内容、目的及意义，例如，理论与现实意义。

第三，通过网络平台搜索与之有关的文献内容，同时再加工处理，完成文献综述，凭借理论基础证明研究的可行性。

第四，按照文献综述的内容，将数学核心素养与情境教学进行详细的区分，明确研究内容，例如，样本的收集、访谈对象的选择等等。

第五，以研究框架为基础，从定性定量的层面上进行分析，选择录像分析法或者案例分析法，主要的目的是掌握现阶段情境教学中学生们核心素养的培养情况。

第六，根据以上的研究内容，选择访谈法来分析出现的问题，最后制定教学策略。

第七，分析早期的研究成果并从中受到启发。最后，总结性的描述最终的研究成果，客观的看待整个研究过程的优点与弊端。

五、数学核心素养下的初中课堂情境教学整合的影响因素

下面以三位不同教龄的初中数学教师为例进行论述。

选择 3 位不同教龄的初中数学教师，包括 1 位教龄 1 年的新手型教师 T1，1 位教龄 5 年的成长型教师 T2，1 位教龄 8 年的成熟型教师 T3 进行访谈。针对教师对情境教学和数学核心素养的理解以及对情境教学中教师的情境创设、问题设计、讨论交流、反思总结的教学行为的认识等方面编制了访谈稿，旨在了解情境教学中影响教师发展学生核心素养的原因，对访谈结果进行整理和归因分析如下：

（1）在课程改革过程中频繁提到数学核心素养，然而大部分初中数学教师并不能真正理解数学核心素养的概念。情境教学和核心素养培养之间并没有很好的融合，而是出现了片面化、表面化理解的现象。很多教师把数学核心素养单纯理解为解决问题的能力，或者表达数学的能力，并不能掌握概念的核心之处，在理论上对数学核心素养的理解也是模棱两可，无法在实践中贯彻理论，在课堂教学中培养学生的数学核心素养。这也造成了即使在课堂上对学生综合能力有所培养，也依旧无法达到快速发展学生数学核心素养的教学目的。

（2）课堂上所创设的情境具有"生活化"但脱离不了"数学化"，不能简单绝对地理解情境。"素质的界定与遴选"是经济合作与发展组织（OECD）进来提出的一个项目，该项目认为学生要想解决复杂状况下的问题，就需重点发展自己的核心素质，以自己的能力在复杂多变的社会和变幻莫测的信息时代寻求立足之地。三位教师在访谈过程中都对情境教学理论有着深刻认知。他们赞同要想发展学生的核心素养，必须发展情境教学的观点。因为滥用情境教学不仅不会帮助学生学习数学知识，反而会阻碍学生对知识的进一步理解，使教学进度变慢，所以尽可能不用情境化教学、只重视知识技能的传授，这也是现实教学中大部分教师使用的策略。

（3）教师在设计问题时不能根据学生的情况设计有层次的问题。三位教师在问题设计时都非常关注语言表达的准确性、问题的指向性、问题的层次性等方面。虽然教师从问题本身设计问题，但这些教师都没有关注到学生本身的状况，要想激发学生的思维能力就要巧妙设置问题，这些问题能够帮主学生在日常生活中提炼数学问题，让学生用数学思维看待世界，看待生活。因此没有对学生的分析，也就无从了解问题的对象。因为不了解回答问题的对象，无论教师设计如何都不会取得良好的学习效果。

（4）教师在课堂时很少组织合作讨论，这主要因为课堂时间有限，目前学生辩论能力有所欠缺。观察录像也可以发现，几乎没有小组讨论的存在。教师普遍认为就当前学生的素质而言，进行独立自主讨论是非常困难的，如果没有教师的指导，那么讨论便是一盘散沙，毫无意义。

（5）反思总结是非常重要的课堂环节，但当前教师并没有适当的反思能力。知识要想进入再加工的程序，就必须进一步进行深化，必须进行反思和总结，只有这样才能使学生更深刻地理解自己所学的内容。录像课虽然也安排了学生的反思活动，但远未达到情境教学所需要的深度和高度，并不能体现出反思的真正作用，无法有效培养学生的数学核心素养。

六、数学核心素养下的初中课堂情境教学的教学策略

当前我国课程改革正在进行中，核心素养为改革带来了新的前进方向。当前教学要着力培养学生的核心素养。中国教育学家史宁中认为，在教学活动中要想提高学生的数学核心素养，就要为学生搭建起生活化的教学场景，将数学思维和数学思想融入其中，从而提高学生的数学核心素养。情境教学有助于提高学生的数学核心素养。目前情境教学已经与初中课堂相结合，数学教师已慢慢熟练掌握情境教学以及在情境教学当中提高学生核心素养的方法。具体而言，初中数学课堂情境教学应该遵循以下教学策略。

数学知识与情境密不可分。学生可以在现实生活中找到数学问题，用数学思维来解决生活中的问题。情境教学可以让学生将数学知识从生活中抽象化剥离，以数学的思维解决问题。这种能力是新世纪人才必须具备的重要数学核心素养。

可喜的是很多教师已越来越认识到情境教学的重要作用，将情境教学与课堂实践有效融合。然而教师从生活中剥离的情境现象占大部分，纯数学情境占了很小比例。这种现状阻碍了学生数学核心素养的发展，所以将生活情境与教学情境相结合时，应该注意以下几点。

（一）生活情境素材的选择

（1）在儿童发展过程当中存在两种水平，一种是儿童通过努力可以达到的未来水平，另一种是现有水平。前一种水平可以借助教师的引导得到进一步发展，后一种水平是目前的认知水平和生活经验。两种水平之间的差距部分便成为最近发展区。最近发展区这一概念让人们认识到学生的现有水平是教育活动的出发

点，要努力使学生渡过最近发展区，向更高层次的水平发展进军。教师在创建学习情境时要从学生的实际出发，既关注到学生已有的生活水平，又要考虑到学生的专业知识，不能"一刀切"，从生活中找出一个情境统一使用。同时教育目标这一观念要始终与情境创设的目的紧紧相连，符合学生最近发展区的状况。例如，沪教版七年级第二学期"15.1 平面直角坐标系"一课中，以学生理解平面直角坐标系的有关概念，会用有序数对表示直角坐标平面内的一点为主要教学内容。考虑到平面直角坐标系是一个重要的数学工具，是学生后续学习平面内点的运动的基础，在章节中处于起始课的位置，因此学好本节课的内容至关重要。在学习本节课之前，学生已经认识了数轴，理解力实数与数轴上的点的一一对应关系，而且七年级的上海学生或多或少都有去电影院找座位的生活经验。因此，教师从学生已有的生活经验和知识水平出发，创设了"找座位"的生活情境。

（2）"生活化"和"数学化"之间的平衡是创设生活情境时需要注意的要点，从数学学科特征出发进行数学情境的创建，因此在发展学生数学核心素养时不能忽略情境的数学化发展。目前在数学课堂上有两大难题，一是教师因为受应试教育要求和时间的压力，一味摆脱情境教学。很多教师希望把知识和技能直接传授给学生，让学生更好地学习科学知识。另一方面是教师无节制地使用生活场景，带有浓浓的生活气息。两种错误行为都妨碍了学生核心素质的发展，发展学生的核心素质一定要平衡好"数学化"和"生活化"之间的关系。厘清两者之间的关系，首先要准确把握、发展学生数学核心素养、生活问题、数学问题三者之间的平衡关系，如"实践中的数学素养模型"，如图 5-2 所示。

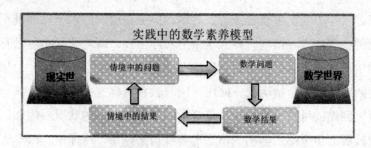

图 5-2 实践中的数学素养模型

数学世界和现实世界构成了所谓客观世界。在现实世界中，每一个人都是独特的个体，会遇到各种复杂的生活场景。学生要借助数学思维，把情境中的问题处理成抽象化的数学问题，以此解决数学化的生活问题。借助数学知识中的分析、策略、知识来解决问题，再将得到的结果应用到现实生活中，为生活服务。"生活问题数字化"和"数学问题生活化"的两次转化需要极高的数学核心素养。教师在创设情境教学中，要把握好数学知识和生活素材之间的界限，做好两者之间的平衡工作。

（二）层次性的数学问题

学生提高思维能力主要依赖于数学课堂，主要依靠各种手段和方式，切合实际的数学问题是其中的关键。教师要在初中课堂情境教学中，要设计激发学生思维的各种问题，让学生运用数学思维思考问题。教师设计问题的质量好坏，直接决定了学生的学习效果。教师要有意识地循序渐进地设计问题，用心钻研有质量的数学问题。这里的层次含义非常广泛，包含问题结构、设计过程、学生层面等多方面。

（1）问题设计过程的层次性。教师在设计问题过程中要有一定的规则性，要遵循知识的发展规律，不能随心所欲地设计问题，要有层次地设计问题。设计问题时采取如下步骤。第一，教师要明白教材的难点和重点，教师在设计问题之前要透彻理解教学目标，理解教学的重难点，借助问题设计来提高学生相对应的能力。第二，准确把握学生的学习水平，具体问题具体分析，根据学生不同的学习状况寻求问题的出发点，保证所设置问题与学生的认知水平相符合。第三，预设可能答案。对答案做好预设准备并有相对应的策略，灵活应对。

（2）问题结构层次性。联系一连串问题就是问题结构层次性。教师在设计问题时要注意衔接性。所有问题并不是零散地出现的，而是有机地组合起来的，每一个问题都是下一个问题的基础，下一个问题都是前一个问题的延伸和总结，这样才能使学生的思维水平不断提升，比如变式问题、矛盾式问题、阶梯式问题、发散式问题等多种问题都能激发学生的数学思维能力。

（3）学生层面的层次性。根据学生不同学习状况，有区别地设计问题。每位学生都来自不同地方，拥有不同性格，数学水平也不尽相同。所以在设计问题时，问题的难度和考查的能力都应不同。比如教师让学生搭建长方体架子可以拆分成三个环环相扣的问题。教师要让学生观察自己所给的各种材料，选择所需要的数量和材料，让学生思考如何搭建，引导学生初步搭建长方体，操作难度降低的同时也提高了搭建成功率。基础好的学生操作能力和动手能力非常强，所以不用细分搭建步骤，教师可以用宽泛的问题给学生做引导，以更加开放的形式来让学生思考问题，使学生自主搭建。所以设计问题要明确对象、有针对性。

（三）组织合作式的讨论交流

根据林崇德主编的《21世纪学生发展核心素养研究》一书

中对核心素养在课标中的频率分布统计，"沟通与交流"核心素养在义务教育数学课标中被提及了6次，在高中数学课标中被提及了3次，体现了我国现行课标对学生"沟通交流"这一核心素养培育的重视。沟通价值的作用在于在交流过程中，学生要清晰、准确地做出表达，并倾听他人的意见，能够在与他人意见不一致时，保持尊重、质疑的态度。由于课堂时间的限制等原因，教师在教学中倾向于代替学生总结，给学生讨论交流的时间非常有限，这不利于培养学生的数学语言表达能力。因此在情境教学模式的"讨论"环节中，要适当组织合作式的讨论交流，鼓励学生用数学的语言表达。

（1）民主化的合作探讨非常关键。设置合作讨论环节的初衷就是要让每一位学生敢于表达自己的观点。合作讨论借助学生之间的互动交流，带来放松的讨论氛围和状态，这和全班汇报交流和师生交流等较为严肃的氛围有所不同。对于学习能力差或者性格内向的学生来说，合作讨论是一个良好的平台，他们可以勇敢表达自我的真实想法。学生在讨论过程中可以勇敢表达，即使是不切实际的想法，要最大限度地为同学提供大胆发言的机会。

（2）教师要善于指导合作讨论。教师们一般不经常组织合作讨论，这主要因为课堂时间有限。教师如果能在学生讨论的过程当中给予有效指导，便会大大提升学生讨论的效率。合作讨论的过程中会有各种分歧意见、误导方向的方法策略等，这些都会妨碍学生形成正确的讨论结果，浪费珍贵的讨论时间。教师的适时介入会及时纠正讨论偏向的问题。

（四）生成全程性的反思总结

人要想在学习中获得进步就要及时反思。反思性学习同样适用于数学情境教学模式。教师可以带领着学生回忆知识，梳理学习过程，及时反思学习过程中的错误，使所学内容获得进一步强化，使学习效果进一步加强，提升学生能力。

教师要高度重视反思性学习，每节课都要让学生进行学习反思，但目前国内外研究很少研究反思性学习，无法给教师提供更多的借鉴。反思性学习要求对所学习的策略、方法、思路、知识进行深层次梳理，而不是单纯地复习所学知识。一个合格的反思不能随心所欲，而应该按照科学脉络呈现出知识的延展过程，从而得出科学的结论。教师可以促进反思性学习的进展，及时引导学生把情境和知识进行适当关联，形成反思学习的整体链条。

全程性反思包含以下几点。第一，整个学习过程中都应有反思。学生要想充分发挥自己的主观能动性，便要主动进行反思。反思不是局限在某一个环节时间段内，而应该贯穿于整个学习过程。如果一名学生拥有良好的反思能力，他会将问题情境自动带入到新课、小组活动、教学环境中，所以学生反思习惯和反思意识非常重要，教师要有意识地进行引导。第二，反思内容不应只局限于回顾所学的知识要点，还应贯穿于学习的全部过程，根据具体情境将知识的发生过程进行还原，通过反思研究答案的正确性，形成独特的学习策略和方法，形成"回顾—检验—提炼"反思的完整链条。反思的内容非常广泛，包含学习策略、知识、学习动机、学习方法、结论等多种因素。初中阶段学生的各项能力还尚未完全成熟，他们的反思能力、批判思维和思辨能力还不完善，他们还无法对自己的反思行为有准确认知，所以教师要适当予以点拨，给予学生一定的反思思路。

比如以教师的提示作为反思意识的开始，只有学生的反思意识建立起来才能够引导学生主动反思，才能够使学生做全程性的反思。教师可以借助思维导图使学生及时了解知识的发生脉络，对整堂课程进行反思型学习。

第三节　多媒体的应用对初中数学课堂教学核心素养的培养研究

伴随科学技术的快速前进，现有的教学的潮流是多媒体教学，这种教学模式使得科学技术和学科课程可以相互融合。在初中数学中多媒体教学也有着很大的作用，它的出现极大地提升了初中数学的教学素质与质量，并且教学的主要目的也向重视学生全面发展的方向迁移，特别是将锻炼学生的中心素质作为重点，这也是现在初中数学教学的前进方向。本书立足于初中数学课程教学对核心素质的锻炼进行研究，借此为初中数学教学的改革提供一些信息与参考。

一、多媒体的应用对初中数学课堂教学的重要性

数字这门学科主要是探索结构和变化与空间模型以及数量等的理论，它的主要特征是理论的抽象性和逻辑的严谨性以及应用的宽广性等。数学这门学科对于学生的逻辑思维能力有着很高的要求，这样一来多媒体和数学教学的融合有了更为重大的含义，借此学生能够更好地学习数学。在学习过程中学习兴趣有着极其重要的地位，唯有学生对学习数学有着很强的兴趣，才可以刺激学生学习数学的主动性与积极性，在数学教学中运用多媒体就可以达到这种效果，这样一来可以极大地增强学生学习的主动性与

积极性。

多媒体教学能够把初中数学里的难点与重点生动简洁地向学生表达出来，削减抽象性，学生这一点对初中层次的学生来讲特别重要，这些人对抽象性理论的感悟还很欠缺，多媒体能够减少他们学习中的负担或压力。容量大与内很多是多媒体课件的普遍特征，它们能够较好地对知识展开讲解与填充，使学生的知识面得以拓展，能够将学生的感观调动起来，为数学学习保驾护航。多媒体课件可以很大程度上将数学课堂中所要讲解的内容展示出来，这样一来可以尽可能地缩减传统课堂的板书时间，让教学信息尽量多元完整。

二、多媒体的应用对初中数学核心素养培养的重要性

初中数学教学的中心素养是指引学生在进行学习与实践的进程中慢慢养成热爱数学、学习数学以及使用数学的素质与品格，它的出现对学生一生的发展以及全面发展需求帮助很大，这也是学生使用数学思维查看世界、思考世界以及展示世界的一种技能。初中时期是学生整个学习阶段承前启后的时期，它在学生全部的学习时期中为最重要的。数学的学科逻辑性相当严谨，它的实现应用性也很强，这在进行实践初中数学教学时，要求教师准确指引，在帮助学生建立数学观念的同时运用数学观念对问题进行思索与解答。在传统数学教学模式下，初中数学的学生通常处于被灌输的状态，无法将真正的数学思维落到实处。

伴随新课改的快速发展，初中教师也在进行提升与突破，许多教师开始察觉到将学生作为课堂主体，有助于教师指引学生深入体悟数学的实践运用及生活含义，有助于学生接纳全新的教学观念，在耳濡目染中不断转变学生学习初中数学的形式，培养他

们的数学中心素养。

三、多媒体的应用对初中数学课程教学核心素养培养的策略

下面以北师大版初中数学教材为例，对在初中数学课堂事件中如何通过多媒体手段的应用来培养学生数学核心素养的具体策略进行阐述。

首先，将多媒体全面应用到教学设计中，凸显数学中心素养的指引作用。数学教学的第一步是教学设计，这也是最重要的步骤，要注重将数学知识的取得与文化取向融合在一起。所以在初中数学教学中锻炼学生数学的中心素养要求展现教学设计。传统初中数学教学设计里的基础知识以及章节的重点难点，通常会忽略价值取向对教学设计的影响。教学实践的目的和精华就是学科的价值取向，所有的教学活动都立足于价值取向，这也是学生学习进步的重要表现。通常来讲，可以将教学设计的价值取向划分为知识获取以及文化取向两个层次。许多教学在知识取向部分成效尚可，会借助考试等量化方法考查学生对知识的消化情况。但学生在成长进程里不但有知识取得的需求，更要加强全面素质和中心素养的锻炼，面向社会是教学的终极目标，这决定学生持续进步的重点是拥有解决问题的能力以及独立思考能力。所以，教师在设计数学课程时要经常性的注意数学科目的文化取向，立足于数学知识的不完整，将学生全面素质的提升作为主要的教学目的，锻炼学生运用数学思想思索与解决现实中产生的现实难题的能力，使其能够完全体会到数学的趣味性以及实用性。

将北师大版 7 年级第九单元的知识点作为教学实例，因为作为一名教师全面的掌握教材上的考点是必须的，因此，一般情况下，教师会刻意的忽略这部分内容，基本上所有的教师都是按照考点

来设计教学课程的。在这节内容的教学中，教师可以采取自由开放式的教学方式，与现实生活联系起来，进而增强对知识的记忆与理解。

首先，为学生们营造学习情境来增强他们的学习动力，然后，教师将学生们分成人数均等的小组，要求每个学生通过调查掌握组内成员喜欢的颜色，制定成相应的统计图表，同时各个小组依次展示应用的方法与结果。在展示的过程中，选取多媒体的方式展示每组的结果，例如，Excel 表格、特殊符号等，这样学生们能够对各组的结果掌握的更清楚，更有效的利用先进的教学设备。

需要值得一提的是，在这节教学内容中应该结合文化要素来展示出学生们的核心素养，选择自由开放式的教学方式表达知识。由于数学学科与人们的生活密切相关，而且又服务于生活，将掌握的理论知识应用到实际生活中，不仅加强对知识的记忆，在实践中掌握技能，而且还提高学生们的创新能力，培养学生们的核心素养。详细的流程是、学生们自己统计近三年的期末分数 ↔ 表格绘制 ↔ 画出折线图 ↔ 合适函数模型选择 ↔ 图像表达，估测今年期末的分数。教师在教学过程中适度的评价学生的成果，指导学生们发现自身的优缺点。提高学生们的思维能力以及解决问题的能力，感受数学所带来的乐趣与成就感。教师还可以支持学生们针对他们想要了解的问题进行问卷调查，在调查期间帮助他们收集信息、总结观点等等，进而提升学生们的数学核心素养。其次，在初中数学的教学过程中结合核心素养的培养目标，通过在课堂上的指导学生们能够感受到数学带来的乐趣与满足感。初中阶段的学生恰好处在身心发展的重要时期，他们的精力不够集中，这对于课堂效率的提升有着很大影响，还可能让学生产生厌学情绪。兴趣爱好是学习的动力所在，寻找数学的美的同时要喜欢数学，这也构成数学核心素养的一个部分。教师要在耳濡目染中慢慢使学生对数学产生兴趣，比如对死板的数字与复杂的公式作现实性的转变，增强学习运用数学的能力。然而对培养学生的数学爱好而言，课堂引入环节相当重要的，为此要求教师要展开核心素养的价值观指引，运用多媒体展开生活案例的导入，使学生能够体悟到数学的美感。

最后，在进行问题解决的进程中开拓数学核心素养，重视数学思维的锻炼。数学学习不单是解答题目、应对考试，还要重视数学思想的锻炼与开拓。初中数学教学进程，要时刻立足于学生的身心进步展开数学教学的实践与设计，把枯燥呆板的数学知识转变为形象活泼的教学内容，彰显锻炼初中数学核心素养的目的。

根据以上内容可知，周长能够决定圆形的面积是不变的，再分析图像的内容，学生求得矩形面积的最大值，经过对照求得最后值。在解答问题的过程中，学生们的思考能力以及解决问题的能力得到提高，尤其是核心素养的提高，除此之外，还应该重视培养思维能力。

指导学生们绘制函数关系图。数学思维指利用归纳、演绎以及类比等方式来解答数学的具体问题，在解答中形成自己的观点之后再进行讲解，这不仅仅是主动学习，同时也能够培养数学核心素养。总而言之，进行初中数学教学时，运用多媒体这种教学形式能够极大程度地减少数学学习的抽象性，方便学生通过直接直白的形式来汲取数学信息。数学科目的精华和本质就是数学的中心素养，它对学生的数学思维在实践中的运用很有帮助，能够使其在拥有数学思维的同时在现实生活中进行使用，在初中时期锻炼学生的核心素养对学生整个数学生涯而言意义重大。在初中数学科目的教学中运用多媒体形式，对学生核心素养的锻炼有着重要意义，对学生数学思维的锻炼以及数学应用技能的增强有很大帮助，它可以满足学生完全的进步与长远规划的需求。

参考文献

一、著作类

[1][苏联] 克鲁捷茨基著；李伯黍译 . 中小学生数学能力心理学 [M]. 上海：教育出版社，1998.

[2] 曹才翰，章建跃 . 数学教育心理学（第二版）[M]. 北京：北京师范大学出版社，2006.

[3] 教育部基础教育课程教材工作专家委员会 . 义务教育数学课程标准（2011 年版）解读 [M]. 北京：北京师范大学出版社，2012.

[4] 李延亮，张全友，杨瀚书等 . 初中数学课程与教学的实践研究 [M]. 青岛：中国海洋大学出版社，2015.

[5] 李延亮 . 初中数学课程与教学的实践研究 [M]. 青岛：中国海洋大学出版社，2015.

[6] 林崇德 .21 世纪学生发展核心素养研究 [M]. 北京：北京师范大学出版社：2016.

[7] 刘儒德 . 学习心理学 [M]. 北京：高等教育出版社，2010.

[8] 刘铁芳 . 什么是好的教育——学校教育的哲学阐释 [M]. 北京：高等教育出版社，2014.

[9] 刘绪菊 . 启迪智慧——问题探究教学研究 [M]. 济南：山东教育出版社，2007.

[10] 马复 . 初中数学教学策略 [M]. 北京：北京师范大学出版社，

2010.

　　[11] 潘超，李红霞，赵思林 . 初中数学教学研究与微课教学设计 [M]. 成都：四川大学出版社，2015.

　　[12] 邱万作 . 数学教学参考资料 [M]. 上海：上海教育出版社，2014.

　　[13] 熊川武 . 教育实践学 [M]. 华东师范出版社，2001.

　　[14] 中华人民共和国教育部 . 国家中长期教育改革和发展规划纲要（2010—2020 年）[M]. 北京：人民出版社，2010.

　　[15] 中华人民共和国教育部 . 义务教育数学课程标准（2011 年版）[M]. 北京：北京师范大学出版社，2012.

　　二、期刊类

　　[1] 敖特根 . 核心素养视角下初中数学高效课堂构建策略探究 [J]. 西部素质教育，2018，4（18）：249.

　　[2] 成红霞 . 数学核心素养下初中数学符号感的培养 [J]. 数学学习与研究，2018（19）：88.

　　[3] 崔春艳 . 核心素养视角下初中数学高效课堂构建策略探究 [J]. 中国校外教育，2016（35）：5.

　　[4] 邓文虹，沙沙，顿继安 . 初中数学主题探究性学习模式的研究 [J]. 数学通报，2012，51（8）：17-19，24.

　　[5] 董连春，曹一鸣 . 攀登数学教育研究高峰——第 39 届国际数学教育心理学大会综述 [J]. 数学教育学报，2016，25（02）：1-10.

　　[6] 冯国玉 . 构建初中数学高效课堂 [J]. 现代中小学教育，2012，（3）：78-78.

　　[7] 龚哲荣 . 变换反馈策略，倡导有效反馈 [J]. 数学大世界，

2011（4）：50.

[8]郭玲杰，熊昌雄，王慧明.新课程背景下初中数学"引—探—用—评"教学模式[J].内蒙古师范大学学报（教育科学版），2009，22（2）：53-54.

[9]黄聚鸣.浅谈初中数学核心素养的培养[J].学周刊，2018（22）：28-29.

[10]黄燕玲，喻平.对数学理解的再认识[J].数学教育学报，2002（03）：40-43.

[11]黄芸.多媒体初中数学课程教学核心素养的培养[J].课程教育研究，2017（30）：155-156.

[12]霍小莉.基于核心素养中数学模型思想的初中课堂教学策略研究[D].汉中：陕西理工大学，2018：7-11.

[13]林清.核心素养视域下初中数学课堂教学中学生问题意识的培养[J].西部素质教育，2019，5（02）：76.

[14]刘岳，康翠.初中数学简约课堂教学的探索与实践[J].教学与管理（中学版），2015，（9）：41-44.

[15]陆剑雪.初中数学教学方式多样化的探索[J].教学月刊（中学版），2012，（12）：56-58.

[16]罗红，吕志革.初中学生数学自主学习的实证研究[J].教学与管理（理论版），2010，（1）：78-79.

[17]罗文婷.核心素养视角下高中数学高效课堂的构建[J].西部素质教育，2017，3（12）：173.

[18]马云鹏，余慧娟.数学："四基"明确数学素养——《义务教育数学课程标准（2011年版）》热点问题访谈[J].人民教育，2012（06）：40-44.

[19] 闵晓颖 . 浅议中学数学核心素养的培养方略 [J]. 数学学习与研究，2016（17）：85.

[20] 阙雪雅 . 浅谈数学课堂的有效反馈 [J]. 时代教育（教育教学版），2009（1）：163–164.

[21] 苏土龙，曾建明 . 初中"数学实验"教学模式的校本行动研究 [J]. 教育导刊（上半月），2012，（3）：82–84.

[22] 苏祖宙 . 初中数学教学在核心素养视域下的高效课堂构建 [J]. 数学学习与研究，2018（16）：42.

[23] 王光明 . 关于学生数学认知理解的调查和思考 [J]. 当代教育科学，2005（23）：62.

[24] 王红兵，卜以楼 . 生长过程——概念教学的本质标志 [J]. 中学数学教学参考，2017（20）：27–29.

[25] 王丽 . 基于核心素养视角下初中生数学解题能力的培养研究 [D]. 武汉：华中师范大学，2017：6–17.

[26] 王萍 . 关注动态生成提升课堂效率——初中数学动态生成教学模式研究 [J]. 现代中小学教育，2010，（5）：49–50.

[27] 王霞 . 基于数学核心素养的初中课堂情境教学研究 [D]. 上海：上海师范大学，2018：4–14.

[28] 王新兵 . 关于数学学习中的理解问题评述 [J]. 数学教育学报，2008（05）：94–97.

[29] 王志平 . 核心素养视角下初中数学教学策略研究 [J]. 山东师范大学，2018：34–47.

[30] 杨丽恒，原文志，马建宏 . 基于认知负荷理论的数学"翻转课堂"教学模式探究 [J]. 教学与管理（理论版），2015，（7）：102–104.

[31] 臧晓梅，李后振.现代教育技术在小学数学教学中的有效运用 [J].中国现代教育装备，2017（18）：59-60.

[32] 张华.论核心素养的内涵 [J].全球教育展望，2016（4）：10-24.

[33] 张伟平.TIMSS 测试的认知诊断评价标准下中美学生数学能力比较 [J].数学教育学报，2010，19（04）：66-69.

[34] 章建跃.关于课堂教学中设置问题情境的几个问题 [J].数学通报，1994（06）：50+1-5.

[35] 支瑶，王磊.高端备课：促进学生核心认识和关键能力发展 [J].人民教育，2015（19）：59-63.

[36] 钟启泉.基于核心素养的课程发展：挑战与课题 [J].全球教育展望，2016，45（1）：3-25.